Theory and Technology on
Constructing Virtual Training System of
Wartime Psychology

战时心理虚拟训练系统构建的理论与技术

陈永科 杨艾军 崔卫兵 等 著

中国科学技术大学出版社

内容简介

战时心理训练对官兵在作战中保持稳定的情绪情感、坚强的意志品质、积极的精神状态和高昂的战斗士气具有重要作用,但相关训练难以实际开展。本书运用虚拟训练技术构建了一个对个人和集体进行战时心理虚拟训练的应用系统,通过理论教育和技能训练等方式,有目的、有计划地对军人心理施加刺激和影响,以提高军人遂行作战任务所需的心理素质和能力。

图书在版编目(CIP)数据

战时心理虚拟训练系统构建的理论与技术/陈永科,杨艾军,崔卫兵等著. —合肥:中国科学技术大学出版社,2022.1
ISBN 978-7-312-05122-7

Ⅰ.战… Ⅱ.①陈… ②杨… ③崔… Ⅲ.战时—心理训练—研究 Ⅳ.G804.86

中国版本图书馆CIP数据核字(2021)第002214号

战时心理虚拟训练系统构建的理论与技术
ZHANSHI XINLI XUNI XUNLIAN XITONG GOUJIAN DE LILUN YU JISHU

出版	中国科学技术大学出版社 安徽省合肥市金寨路96号,230026 http://press.ustc.edu.cn https://zgkxjsdxcbs.tmall.com
印刷	安徽国文彩印有限公司
发行	中国科学技术大学出版社
经销	全国新华书店
开本	710 mm×1000 mm 1/16
印张	12
字数	236千
版次	2022年1月第1版
印次	2022年1月第1次印刷
定价	38.00元

前　言

现代战争呈现出作战行动更突然、武器破坏更巨大、战场角逐更激烈等特点，参战官兵在战场上不可避免地会遇到各种难以预料的危急局面和困难情境。面对强烈的心理刺激和影响，如果没有良好的心理素质作为保证，参战官兵很难在作战中保持稳定的情绪情感、坚强的意志品质、积极的精神状态和高昂的战斗士气，也就难于夺取战争胜利。军人战时心理素质的提高离不开战时心理训练。战时心理训练可认为是在近似实战的训练环境中，科学运用心理学手段，通过理论教育和技能训练等方式，有目的、有计划地对军人心理施加刺激和影响，提高军人遂行作战任务所需的心理素质和能力的一种训练活动。

在实战化训练条件下，战时心理训练已成为打赢现代化战争的必要条件，受到高度重视。但就目前来说，能用于战时心理训练的虚拟系统还不多，功能性、操作性也不够好，我们有必要对战时心理虚拟训练系统进行深入研究。

战时心理虚拟训练系统是运用虚拟训练技术构建训练平台，实现对个人和集体进行战时心理训练的应用系统。该系统的构建包括战时心理虚拟训练的基础理论界定、系统需求分析、系统总体设计、系统功能模块设计、配套支撑硬件、心理虚拟训练评估模型、虚拟训练的组织实施等重要的理论、技术和方法。战时心理虚拟训练系统的研究，有利于丰富战时心理训练的方法手段，拓展了虚拟现实技术在军事训练领域的应用。相信通过科学有效的训练，能够引导军人逐步完成由平时到战时的心理转变，形成良好的战时心理定势。

本书是全军军事类研究生资助课题的研究成果。笔者花费近四年时间，展开对战时心理训练和战时心理虚拟训练系统构建方面的研究，并集中力量开发出一款战时心理虚拟训练系统。基于此，笔者对研究成果进行整理和编撰，数易其稿，最终形成了《战时心理虚拟训练系统构建的理论与技术》一书，希望能为开展战时心理虚拟训练的理论研究提供一些借鉴和参考。

　　本书分三个专题共六章对技术和方法进行论述。第一专题是基础理论界定，第二专题是系统设计与实现的技术与方法，第三专题是虚拟训练系统的应用方法。

　　第一专题对应的是第一章和第二章。第一章是战时心理训练基础理论，主要阐述战时心理训练的概念、训练内容、训练方法和研究现状。第二章是战时心理虚拟训练基础理论，主要阐述战时心理虚拟训练的概念、训练内容、软硬件构成，探讨了战时心理虚拟训练的优势、机理和研究现状。

　　第二专题对应的是第三章和第四章，是本书的重点内容。第三章是战时心理虚拟训练系统的设计，从系统功能、系统结构、系统性能三个方面展开需求分析，对战时心理虚拟训练系统进行总体设计，主要包括系统体系结构、系统硬件组成、系统软件框架结构等；设计了战时心理虚拟训练系统的功能模块，对训练信息管理子系统、个体战时心理虚拟训练子系统、集体战时心理虚拟训练子系统分别进行详细设计；分析了数据库管理系统的选择，进行数据库概念结构设计和数据库逻辑结构设计。第四章是战时心理虚拟训练系统的实现。训练信息管理子系统包括用户信息管理模块、虚拟训练资源管理模块、虚拟训练计划制订模块、虚拟训练过程控制模块、虚拟训练记录统计模块、虚拟训练监测评估模块。个体战时心理虚拟训练子系统包括心理准备虚拟训练模块、心理适应力虚拟训练模块、心理承受力虚拟训练模块、心理耐力虚拟训练模块、心理恢复力虚拟训练模块、心理活力虚拟训练模块。集体战时心理虚拟训练子系统包括环境适应性虚拟训练模块、行动协同性虚拟训练模块、情感凝聚性虚拟训练模块、人际沟通性虚拟训练模块，指挥员战时心理虚拟训练依托上述四个模块进行。最后进行了系统测试。战时心理虚拟训练系统基于 Unity 专业虚拟交互式引擎实现各个模块的功能，给出了有代表性的训练场景截图，并列出了系统实现过程中编写的部分关键代码。

　　第三专题对应的是第五章和第六章。第五章是战时心理虚拟训练效果评估研究，以战时心理虚拟训练的效果评估为研究对象，强调了评估工作的重要作用和基本原则，建立了综合效果评估指标体系，构建了战时心理虚拟训练综合效果评估模型，主要包括个人和集体训练效果评估模型和训练效果评价。第六章是战时心理虚拟训练系统的应用，针对如何将战时心理虚拟训练系统较好地应用于部队训练的问题，围绕训练准备、训练实施和训练效果三个方面进行了研究。

本书的撰写任务分工是，陈永科负责撰写第一章、第三章、第四章及系统总体设计，杨艾军负责撰写第五章，崔卫兵负责撰写第六章，芮杰负责撰写第四章及系统详细设计与实现，季震负责撰写第二章，张超、李奕林参与撰写第六章第一、二节，何伟、方文敏参与撰写第三章第二、四节，杨海波、闫小伟参与撰写第六章第三节，贾现录参与撰写第五章第三节，孙喆、于波参与第四章部分内容和程序代码的撰写和修改，刘永峰、袁道银参与撰写第三章部分内容，宋慧、武欣参与撰写第五章部分内容和心理测试研究。全书由陈永科统稿。

本书编写力争做到"五性"，即基础理论知识严谨性、系统设计技术可行性、系统实现方法合理性、评估模型构建可信性、系统应用效果有益性。在编写过程中，笔者参考了国(军)内外不少专家学者的观点、论著，在此谨致以谢意。尽管在编写过程中笔者付出了大量的心血，但受理论知识、技术水平、实践经验等多方面主客观条件的限制，书中肯定存在疏漏和不足之处，欢迎读者批评指正，以便做进一步的修订。

编　者

2020 年 8 月

目　　录

前言 ·· (ⅰ)

第一章　战时心理训练基础理论 ·· (1)
第一节　战时心理训练的定义与内涵 ··· (1)
第二节　战时心理训练的组成结构 ·· (4)
第三节　战时心理训练的方法 ·· (8)
第四节　战时心理训练的研究现状 ·· (11)

第二章　战时心理虚拟训练基础理论 ··· (19)
第一节　战时心理虚拟训练的概念 ·· (19)
第二节　战时心理虚拟训练的内容和方法 ···································· (23)
第三节　战时心理虚拟训练的软硬件构成 ···································· (29)
第四节　战时心理虚拟训练的探索 ·· (39)
第五节　战时心理虚拟训练的研究现状 ······································· (43)

第三章　战时心理虚拟训练系统的设计 ······································ (50)
第一节　基于Unity3D的战时心理训练系统需求分析 ····················· (50)
第二节　基于Unity3D的战时心理训练系统总体设计 ····················· (61)
第三节　基于Unity3D的战时心理训练系统功能模块设计 ··············· (67)
第四节　战时心理虚拟训练系统的数据库设计 ····························· (85)

第四章　战时心理虚拟训练系统的实现 ······································ (92)
第一节　训练信息管理子系统 ·· (92)
第二节　个体战时心理虚拟训练子系统 ······································· (105)
第三节　集体战时心理虚拟训练子系统 ······································· (116)
第四节　系统测试 ··· (123)

第五章　战时心理虚拟训练效果评估研究 ··································· (124)
第一节　战时心理虚拟训练效果评估的作用与原则 ······················· (124)
第二节　战时心理虚拟训练效果评估指标体系 ····························· (127)

第三节　战时心理虚拟训练效果评估模型 ……………………(132)

第六章　战时心理虚拟训练系统的应用 ……………………(150)
　　第一节　战时心理虚拟训练的准备 ……………………(150)
　　第二节　战时心理虚拟训练的实施 ……………………(154)
　　第三节　战时心理虚拟训练的效果 ……………………(162)

附录 …………………………………………………………(167)
　　附录一　专家访谈提纲 …………………………………(167)
　　附录二　战时心理虚拟训练效果评估指标排序调查表 ……(168)
　　附录三　COMPortManager类主要程序代码 ……………(169)
　　附录四　Parser类主要代码 ……………………………(171)
　　附录五　Arduino-GSP获取受训者心率开发代码 ………(173)
　　附录六　读取皮肤电数据包的类GSRCOMPortManager ……(175)
　　附录七　简要软件说明书 ………………………………(177)

参考文献 ……………………………………………………(180)

第一章 战时心理训练基础理论

战时心理训练不仅是军事训练学和心理学有效结合的一种特殊训练活动,也是部队官兵日常训练和战场需求高度融合的一种专业训练项目。战时心理训练是实战化训练的重要内容,对于提升官兵战时心理能力具有十分重要的作用。本章从剖析战时心理训练与军人心理训练、心理战等相近的术语入手,界定战时心理训练的定义和内涵;从战时心理素质构成的角度,提出个体战时心理训练和集体战时心理训练的构成;分析了战时心理训练的常用方法,梳理了战时心理训练的研究现状。本章内容为战时心理训练系统构建奠定了理论研究基础。

第一节 战时心理训练的定义与内涵

一、战时心理训练的界定

对于什么是"战时心理训练",目前学术界还没有权威准确的界定。但我们可以在研究和分析与之相近的若干概念的基础之上,通过对比、归纳和总结,对"战时心理训练"给出一个较为客观的解释。

(一) 军人心理训练

军人心理训练是指对军人个体和集体进行的必要的心理素质的训练。从这一解释中不难看出,军人心理训练的对象包括军人个体和集体两个层面,目的是提高军人的心理素质。然而,"军人心理素质"这一概念涉及的范畴较大,既包括军人日常生活中所需的基本心理素质,例如对事物的认识科学合理、行为特征符合社会规范、自我意识正确完整、生活交往能力较强等;也包括军人从事军事活动所需的心理素质,例如心理的稳定性、适应力、承受力、耐力等内容。郭焱华认为军人心理训练是指采用心理学的方法,结合日常管理教育,通过模拟战场环境的作战训练,有计划地对军人个体和集体的心理活动实施特定的影响,以培养其完成战斗任务所必需的心理品质,提高其心理活动能力的训练活动。①周为民则表示军人心理训练,就是运用心理学手段,在特定的环境条件下,有目的、有计划地对军人的心理活动施加影响,以培养军人在作战和执勤中顺利完成任务所需要的心理素质。②因此,"军人心理训练"不能等同于"战时心理训练",后者的内涵更为广泛。

(二)心理战

心理战是指根据战略意图和作战任务,为促进政治、军事斗争目标实现,运用特定的信息和媒介,对目标对象的心理及行为施加影响的作战行动。通过对比可知,"战时心理训练"与"心理战"也存在着本质上的区别。从作用对象来说,前者针对的是受训者自身,后者针对的是作战对象;从属性上看,前者是一种训练方式,后者则是一种作战样式。此外,两者的目的也不尽相同,"战时心理训练"旨在提高受训者的战时心理素质和能力,"心理战"则以"攻心为上",通过影响作战对象的心理活动,进而实现某种战略目的。

(三)战时心理训练

通过与"军人心理训练""心理战"等相似概念的对比和分析,笔者认为,从广义上说,一切可以提高军人作战过程中心理素质的训练都是战时心理训练。具体而言是指在模拟的实战化的战场环境中,通过单兵训练和集体训练,提高作战过程中官兵的心理素质,激发他们的心理潜能,提高他们的心理适应能力,尽可能模拟影响军人战时心理的典型刺激因素,以震慑效果提高受训者的心理素质。在本书中"战时心理训练"的内涵界定为"在近似实战的训练环境中,科学运用心理学手段,通过理论教育和技能训练等方式,有目的、有计划地对军人心理施加刺激和影响,提高军人遂行作战任务所需的心理素质和能力的一种训练活动"。③

二、战时心理训练的内涵

理解和把握战时心理训练的内涵,可以从它的三个组成词汇"战时""心理""训练"出发。

(一)战时心理训练的本质属性是"训练"

在战时心理训练中,虽然也有一些理论教育的环节,但从总体上讲,训练无疑

---

① 郭焱华.外军心理训练研究[M].北京:国防大学出版社,2002:1.
② 周为民.军人心理训练[M].北京:军事谊文出版社,2004:14.
③ 季震.基于虚拟现实技术的战时心理训练研究[D].合肥:陆军军官学院,2017:10.

是这一活动最基本、最重要并且贯穿始终的实践方式。战时心理训练的理论教育环节主要是向官兵讲解和传授战时心理常识，为官兵完成后续虚拟训练奠定理论基础。这一过程多以理论讲解的方式进行，更侧重于知识的传授。相比之下，训练实践环节的核心则是"体验"，即在了解和掌握战时心理常识的基础上，借助一定的专业器材和设备，设置难度适当的训练内容和课目，通过组训者指导和受训者体验的方式，逐步提升战时心理素质和能力。

（二）战时心理训练的目标对象是"心理"

按照训练内容的不同，军事训练可分为体能训练、技能训练、战术训练等，不同训练内容的针对性各有侧重，战时心理训练主要针对军人的心理，而其他训练则以军人的体能、技能等方面为作用对象。在战时心理训练中，应当以心理学原理为依据，科学地对军人的心理施加影响和刺激，激发军人的心理潜能，优化他们的心理结构。伴随着心理潜能的不断挖掘和开发，军人一次次突破原有的心理极限，逐步形成战时心理定势。

（三）战时心理训练的应用范围是"战时"

战时心理训练的根本目的就是通过平时有针对性的理论教育和体验训练，使官兵在体验和感悟未来战争残酷性和激烈性的过程中，积累和汲取心理经验，养成英勇顽强、自信坚定、冷静沉着的优秀心理品质，为未来战争做好充分的心理准备。因而，可以说战时心理训练的应用范围主要是在战争领域。

三、战时心理训练的特点

（一）战时心理训练的层次复杂多样

一是训练对象的层次多样。由于受训者所处的工作岗位和职务有很大差异，对其心理素质和能力的要求也不尽相同，这就使得战时心理训练必然是多层次性的，既包括面向各级指挥员的训练，又有面向担负不同任务的战斗员的训练。此外，未来战争的特点还要求我们不仅要研究军人个体战时心理，更要把军人集体战时心理作为重点研究对象。

二是训练内容的层次多样。这主要是由受训者所担负的不同作战任务决定的，战时心理训练的训练环境和内容设置是依据作战任务来确定的，不同的作战任务需要依托不同的训练环境和训练课目进行训练。除此之外，训练对象的多层次性也在一定程度上决定了训练内容不可能是单一的，要根据不同年龄、不同身份、不同群体的受训者以及列装的武器装备的性能等情况进行不同内容的战时心理训练。

(二) 战时心理训练的实战氛围浓厚

一般的军人心理训练具有易操作性和普适性的特点,对训练环境和条件要求较低,但其训练效果往往也只适用于通常情况下的心理反应。而战时心理训练则需要在模拟实战的背景下进行,这也是区分战时心理训练与一般的军人心理训练最直接的标志。战时心理训练要求受训者在逼真的实战背景下,能够"以不变应万变",面对瞬息万变的战场情况依然保持心理状态稳定。通过自我调节、放松、暗示,以及指挥员干预、引导等方法提高自身的心理适应力、承受力、耐力、活力、恢复力等战时心理素质和能力,从而顺利实现作战目标。因此,战时心理训练必须强调"战时"这一特殊背景,在逼真的实战化条件和浓厚的战场氛围下进行。

(三) 战时心理训练的难度、强度较大

在作战过程中,军人时常会面临各种突发状况和困难情境,甚至受到伤亡的威胁。如果缺少沉着冷静应对各种复杂情境的心理素质和能力,将很难顺利完成作战任务。这就要求战时心理训练的环境条件和内容设置要具备相当的强度和难度,甚至一定的危险性,只有这样才能使受训者对未来战争条件下的各种情况做好心理准备。具体来说,就是通过创设贴近实战的困难情境以及模拟急、难、险、重的任务,全方位锻炼受训者的战时心理素质和能力。当然,需要明确的是,训练的难度和强度也并非越大越好,一旦超越受训者心理承受范围过多,效果将适得其反。因此,训练中应当把握好难度、强度与安全性的关系。

第二节 战时心理训练的组成结构

从广义上说,一切对军人作战过程中的心理活动施加影响,使其发生积极变化的措施和手段,都属于战时心理训练的内容范畴。鉴于目前学术界关于战时心理训练内容的研究尚未形成独立分支,缺乏明确界定,因此,笔者在深入研究军人心理训练内容的基础上,结合部队走访调研情况,总结提炼了其中与实战要求息息相关的若干训练内容。这些内容按照训练阶段划分,可以分为个体战时心理训练和集体战时心理训练两个阶段。

一、战时心理素质的构成

战时心理素质是军人的个性品质、心理能力、心理动力、心理健康在战时的综合体现。[1]战时心理训练的目的是提高军人的战时心理素质,因此需要恰当地分析和界定军人战时心理素质的构成。然而目前对军人战时心理素质构成的研究并不成熟,战时心理素质到底由哪些成分构成还没有统一的观点。我们根据以上的研究结果,把战时心理素质分为个体和集体两个方面,并进一步都分为五个要素,如图1.1所示。

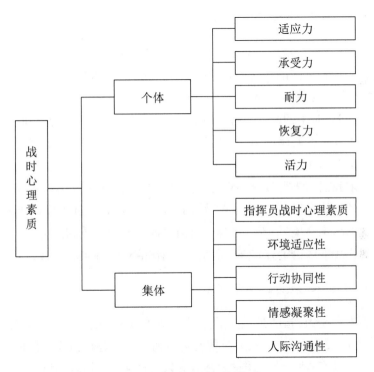

图1.1 战时心理素质的构成

二、个体战时心理训练

个体战时心理训练包括战时心理准备训练、战时心理适应力训练、战时心理承受力训练、战时心理耐力训练、战时心理恢复力训练和战时心理活力训练等六部分。

---
[1] 刘寒凌.军事心理训练研究[M].北京:军事科学出版社,2012:59.

（一）战时心理准备训练

战时心理准备训练，目的是使受训者通过体会和了解未来战争中的各种因素，逐步形成战时心理定势，简而言之就是充分做好应对战争的心理准备。例如，通过介绍和讲解作战对象的主要情况，使受训者掌握对手的基本信息，做到心中有数；通过对比敌我双方的人员、物资、武器装备等情况，分析和研究我军作战中的有利条件和不利因素，使受训者建立起"敌必败，我必胜""敢于战胜一切困难"的强大自信心；通过理论教育，培养受训者热爱党、热爱祖国、热爱人民、热爱军队的高尚道德情操，以及甘愿为集体利益和战斗胜利牺牲一切的大无畏精神。

（二）战时心理适应力训练

战时心理适应力，指的是军人对战场上各种因素及其变化情况产生积极心理反应的能力。军人良好的战时心理适应力体现为：① 具备适应作战环境变化的心理能力，能够在各种恶劣和极端条件下执行战斗任务；② 具备适应作战对象变化的心理能力，面对对手的改变不惊慌，能迅速做出有针对性的调整和应对；③ 具备适应作战特点变化的心理能力，能从容应对激烈残酷、样式多变、进程快速、范围广阔的现代战争。

这就要求我们在进行战时心理适应力训练时，要尽可能利用多种方法和手段，模拟实战化的训练环境，营造逼真的战场氛围，使受训者通过体验和处置作战中各种可能出现的困难情境，培养其迅速适应新情况的心理素质和能力。此外，还应当通过普及现代战争理论等方式，不断淘汰陈旧作战观念，形成新的认识。

（三）战时心理承受力训练

战时心理承受力，指的是军人承担战争刺激和压力的心理能力。军事心理学研究表明，作战过程中，当参战人员的心理负荷达到或超出自身极限时，就会诱发心理疲劳和障碍等消极反应，严重时甚至导致心理崩溃，造成心理创伤。

在进行战时心理承受力训练时，首先要通过心理测试、观察了解等方式大致掌握受训者的心理承受极限，进而有针对性地模拟未来战争中的各种刺激因素，对受训者内心进行适度而有效的冲击和震慑。具体来说，就是要使受训者在重压之下处置各种突发情况，并逐步增加刺激的难度和强度，不断提高其承担心理负荷的能力。通过长期训练，受训者在面对战争时，能够将自身心理紧张程度调节到最佳状态。

（四）战时心理耐力训练

战时心理耐力，指的是军人的心理机能在经受持久战争刺激后依然保持较高水平的能力。现代战争作战时间长、地域广、强度大的特点决定了军人不但会长时间暴露在艰苦恶劣的自然环境中，而且会面临物资消耗巨大、食物短缺的窘境。这就要求军人不仅要有优秀的体能基础，能经受巨大的体力负荷，更要具备极强的心理耐力，减少和避免心理受损。

在进行战时心理耐力训练时，要尽可能设置极端恶劣的环境条件和复杂多样的困难情境，让受训者在各种不利因素的影响和刺激下连续作业，并采取逐渐延长刺激时间和加大刺激强度的方式，磨炼和强化受训者的战时心理耐力水平。

（五）战时心理恢复力训练

战时心理恢复力，指的是军人在战争中产生心理疲劳、障碍和损伤后迅速恢复正常心理水平的能力。强大的战时心理恢复力能够保证军人心理活动正常有序地进行，进而保持战斗力发挥。

在进行战时心理恢复力训练时，需要把握"不破不立"的原则。首先，要模拟战争中容易导致军人心理机能下降的刺激因素，使其产生心理疲劳、障碍和损伤等心理状态。然后，逐步消除或减弱这些刺激因素，通过组训者的诱导、暗示以及自我调节等方式，使受训者的心理机能在短时间内迅速恢复正常水平。这一过程模拟了弹簧的原理，能够极大地增强受训者的心理弹性和心理自愈能力。

（六）战时心理活力训练

战时心理活力，指的是军人在战争中表现出积极心理状态甚至超常水平的能力，它是决定其他战时心理素质和能力的关键因素。

在进行战时心理活力训练时，需要紧扣"实战化"的主题，充分调动和开发受训者在战斗条件下的心理潜能和最佳紧张程度。同时，还要在训练中不断研究探索战斗条件和心理活力之间的关系，使受训者在头脑中形成积极的条件反射，在特定战斗条件的刺激下，能保证心理活动正常进行甚至超水平发挥。训练中通过特定战斗条件和积极心理活力的反复结合，能够巩固和深化这种条件反射，使受训者在实际战斗中能有意识地完成各种技战术动作和一系列战时心理活动，确保战斗力不打折扣。

三、军人集体战时心理训练

战争中的军人总是在一定的集体中生活和战斗的,成员之间的心理状态,无论好坏,积极或消极,都会很快蔓延传染,相互影响。要使集体的心理状态积极而稳定,就必须通过一定的方式和手段进行有针对性的教育训练。军人集体战时心理训练,是建立在个体战时心理训练基础之上的,其基本训练内容和个体战时心理训练有很多相似之处,只是层次和标准更高,内容设置更为复杂。

需要明确的是,军人集体的战时心理素质和能力水平,并非单个军人的简单相加,而是在一定条件的刺激下产生"化学反应"逐渐融合形成的,这个过程是军人个体战时心理训练无法取代的。军人集体战时心理训练的内容主要侧重于集体目标的培养以及集体荣誉感和凝聚力的激发。

第三节 战时心理训练的方法

优秀的战时心理素质和能力是对参战人员的基本要求之一,需要通过科学有效的方法来培养。总体上讲,战时心理训练的方法可以概括为自我调节训练法、模拟仿真训练法、融合渗透训练法三种。

一、自我调节训练法

自我调节训练法,指的是军人根据战斗或训练进程以及自身感受和体会,主动调节生理变化,保持心理状态稳定的一种训练方法。自我调节训练法对缓解和消除心理紧张情绪具有良好效果,主要包括身体放松训练、情绪替代训练、自我鼓励训练三种方式。

(一)身体放松训练

身体放松训练,就是通过放松身体肌肉来缓解和消除心理紧张情绪的过程。科学实践表明,战争中的刺激因素往往会导致军人身体高度紧张,主要表现为肌肉僵硬、动作不协调等,进而反作用于军人心理,引起紧张情绪。这就要求在训练过程中,组训者要利用训练间隙组织受训者有针对性地进行自我放松,例如,可以通过小游戏、放松操等方式缓解肌肉紧张,改善心理状态。

(二)情绪替代训练

情绪替代训练,就是受训者通过回忆美好的事物或经历,用积极情绪替代消极情绪,进而缓解心理紧张的过程。不少军人在战争因素的刺激下,会产生恐慌、胆怯等异常症状和行为表现。例如,听到枪炮声和爆炸声,看到硝烟弥漫和残垣断壁等情景后,不自觉地冒冷汗、头晕目眩、腿脚发软等。在开展训练时,组训者可以通过语言诱导、播放视频等方式,使受训者预先在大脑中想象这些情景,诱发出负面情绪,当这种情绪积累到一定程度时,再让受训者去回忆轻松美好的事物,使得负面情绪逐渐被正面情绪代替,从而达到缓解紧张情绪的目的。

(三)自我鼓励训练

自我鼓励训练,就是通过引导和暗示,使受训者回忆自己取得的成就,坚定必胜信心的过程。在作战中,一些参战人员会不由自主地产生自卑、压抑等不良情绪,影响战斗的积极性。想要消除类似的消极心理,就必须设法让受训者在放松的状态下回忆自己取得的成绩,重新肯定自我、恢复自信,从而焕发出战斗的积极性。

二、模拟仿真训练法

模拟仿真训练法,指的是让军人在近似实战的训练环境和条件下,体验未来作战需要承受的心理压力和负荷,从而提高心理素质和能力的一种训练方法。其具体实现形式包括与战场环境模拟相结合、与战斗困境模拟相结合以及与心理状态模拟相结合。

(一)与战场环境模拟相结合

战场环境是指"作战空间中除人员与武器装备以外的客观环境",主要包括地理环境、气象环境、电磁环境、声音环境、特殊环境、实体环境等,它们都能通过一定的硬件设备和软件系统进行模拟,使受训者深切体验到未来战场上各种可能出现的因素对感知觉器官的刺激。例如,生成具有真实感的地面、空中、水面、水下等地理环境,风、雨、雷、电、雾等自然环境,具有真实尺寸、视听觉体验的武器作战系统等,从而给受训者的感官以强烈的实际体验,达到身临其境的感觉。

(二)与战斗困境模拟相结合

除了与战场环境模拟相结合之外,还要从完成作战行动的角度出发,设置复杂多变、难以预料的战斗困难情境,尽可能使受训者体验到身体、精神等多方面的挑战,从而提高战时心理承受力、战时心理适应力和战时心理耐力。例如,可以在训练中设置通信不畅、孤立无援、补给中断等困难情境,锻炼军人临危不惧、镇定自若、沉着应变的良好战时心理素质。经过反复的刺激训练,受训者会发生明显的心理应激反应,逐步形成与战时相适应的心理模型。

(三)与心理状态模拟相结合

锤炼受训者的战时心理素质和能力,不仅要从外部入手,模拟未来战场的各种刺激因素,还应当从内部入手,模拟受训者的心理状态。这就要求在训练中,必须主动设置各种突然、复杂和危险的刺激条件,使受训者长时间承受高强度的心理负荷,不断强化其对困难和压力的心理感受,进而使受训者产生积极的"战斗条件-心理状态"条件反射。长期训练后,这种积极的条件反射将扎根于受训者内心,在实际战斗中,使其表现出超常的心理活动水平,增加其战斗力。

三、融合渗透训练法

融合渗透训练法,即"通过心理训练与其他教育训练活动的相互融合,全面改善官兵的心理状态,增强训练效果的一种训练方法"。与仿真模拟训练法相比,融合渗透训练法在应用过程中,对场地、设施、经费等条件的要求较低,因而被部队广泛采用。训练中,要尽可能将心理训练与其他课目训练融合成一个整体,全面提高受训者的心理素质。融合渗透训练法主要包括与政治教育相结合、与体能训练相结合、与实兵演习相结合三种方式。

(一)与政治教育相结合

通过思想政治教育,一方面,要使受训者明确训练目标、了解作战对象、对比敌我情况,熟悉和掌握战时心理训练的基本理论知识,做好战时心理准备;另一方面,要利用思想政治教育的契机开展爱党、爱国、爱民、爱军教育,培育受训者勇于战斗、不怕牺牲的战斗精神和舍我其谁的英雄主义气概,同时,还应当鼓舞士气、培养集体荣誉感和凝聚力,提高集体战时心理素质和能力。

（二）与体能训练相结合

"军人体能训练，就是按照有关标准要求，对军人进行的身体素质的训练。"其中也有着多种战时心理因素的参与。作为体能素质的三大核心指标，速度、力量和耐力的提高必然伴随着个人能力极限的不断突破和发展。受训者正是在一次次突破极限、超越自我的过程中，无形中培养了顽强的意志品质、不服输的战斗精神以及优秀的心理耐力。因此，搞好战时心理训练与体能训练的结合，是提高受训者战时心理素质的关键一环。

（三）与实兵演习相结合

实兵演习是组织部队实兵实装在现在进行的军事演习，是提高指挥机构组织指挥能力和编成内部队遂行作战任务能力的最有效训练活动方式，是对军人的军事、政治、体能、心理等能力或素质的全面检验。由于演习情况设置复杂，强度大，具有较强的针对性和实战性，从而战时心理训练效果得到普遍增强。因此，我们应当紧密结合演习活动，将战时心理训练融入其中，以提高参战受训者的综合心理素质。

第四节　战时心理训练的研究现状

目前军内外专家和学者的直接研究成果比较少，但对于"军人心理训练"的研究较为广泛和深入，其中也有不少内容涉及虚拟现实技术应用的问题。

一、外军的研究现状

在开展研究的过程中，学者们广泛借鉴了外军的经验。从收集的资料情况看，研究者们主要是从两个方面进行分析和研究：一是介绍外军利用虚拟现实技术进行军人心理训练的基本情况，二是论述其对我军的反思和启示。这些研究主要针对美军，也有部分文献研究了其他西方发达国家军队。

在外军军人心理训练的方法和途径方面，金开龙、田国祥总结了各国目前心理训练的主要方法，包括自主训练法、搭载训练法、野战生存训练法、实兵对抗训练法和战场模拟训练法等。[①]其中，战场模拟训练法就包含了利用虚拟现实技术构建战

---

① 金开龙，田国祥. 论外军心理素质教育训练的主要方法[J]. 中国士官，2012(2)：64-65.

场环境和条件的内容。牛长征、范志祥也谈到了美军在心理训练中"强调环境模拟训练，以培养官兵超前准备、适时调整的战场适应能力"。[①]此外，广艳辉、邓慧经过研究发现，外军利用虚拟现实等模拟仿真技术构建逼真复杂的虚拟战场，已成为其心理训练的主要做法。[②]吕亚妮、孟祥辉对外军心理训练的主要特点进行了研究分析，认为"发达国家军队充分利用电子、激光、计算机等先进技术，设置模拟训练场"。[③]在具体实现方法上，糜浩概括了外军通过电脑游戏进行心理训练的现状，并归纳了该方式的优点和不足之处。[④]

在将虚拟现实技术应用于军人心理训练方面，也有一些研究者进行了梳理和总结。汪涛、李敏在《虚拟现实技术在美军心理疾患防治中的应用》一文中，对美军利用虚拟现实技术进行军人心理评估进行了分析[⑤]，详细介绍了美军将"虚拟伊拉克"[⑥]和"虚拟阿富汗"[⑦]系统的应用范围延伸拓展到传统的心理评估领域的情况，并在此基础上形成了虚拟现实认知能力评估测试系统。安兴等学者则对美军利用虚拟现实技术进行军人心理弹性训练进行了总结[⑧]，通过研究认为"美军基于虚拟现实技术的模拟作战训练已逐步开展，尤其重视对军人应激心理弹性的训练"[⑨]，并在文中详细介绍了虚拟现实军人心理弹性训练计划(the stress resilience in virtual reality project, STRIVE)的实施情况。陈金山也在研究中发现，美军还将基于虚拟现实技术的虚拟现实暴露疗法(virtual reality exposure therapy)越来越多地运用到军人心理创伤的治疗中。[⑩]虚拟现实技术与暴露疗法相结合，提供多感官线索来唤醒并激活相应的情绪。治疗师根据患者所提供的创伤事件逐次呈现不同的虚拟现实场景，帮助患者对创伤事件脱敏，最终达到治疗的目的。

---

① 牛长征,范志祥. 浅谈信息化条件下外军心理素质训练的主要特点[J]. 华南军事教育,2013(1):46.
② 广艳辉,邓慧. 外军心理训练的主要做法[J]. 炮学杂志,2011(3):128.
③ 吕亚妮,孟祥辉. 外军心理训练状况及特点分析[J]. 长空,2011(3):90.
④ 糜浩. 漫谈军事游戏与军事训练[J]. 武警警官学院学报,2012(3):61-64.
⑤ 汪涛,李敏. 虚拟现实技术在美军心理疾患防治中的应用[J]. 解放军预防医学杂志,2013,31(5):473-475.
⑥ Gerardi M, Rothbaum B O, Essler K, et al. Virtual reality exposure therapy using a virtual lraq case report[J].J. Traumatic Stress,2008,21(2):209.
⑦ Rizzo A S, Difede J, Rothbaum B O, et al. Development and early evaluation of the Virtual Iraq/AfghaniStan exposure therapy system for combat-related PTSD[J]. Ann. N. Y. Acad. Sci., 2010(1208):114.
⑧ 安兴,李刚. 虚拟现实技术在美军模拟训练中的应用现状及发展[J]. 电光与控制,2011,18(10):42-46.
⑨ Bartone P T. Resilience under military operational stress:can leaders influence hardiness?[J].Military Psychology,2006(18):131.
⑩ 陈金山. 虚拟现实技术在美军单兵训练中的应用及启示[J]. 军事体育学报,2014,33(1):73-74.

另外，还有不少学者对其他国家军队的有关情况进行了介绍。吕亚妮、孟祥辉等介绍了英国、法国、俄罗斯、以色列等国家利用虚拟现实技术进行军人心理训练的情况，列举了各国军人心理训练在全部军事训练中所占的比例。周清等通过对英国、俄罗斯、澳大利亚、印度等国家的军人心理训练实践情况进行分析概述，总结出外军利用虚拟现实技术进行军人心理训练的基本方式，即通过电子游戏及虚拟现实系统进行心理评估和后续针对性训练。[①]

许多学者在研究外军利用虚拟现实技术进行军人心理训练问题的同时，还借鉴了其宝贵经验，分析总结出对我军的启示。在如何加强军人心理训练方面，田国祥高屋建瓴，从整体高度提出了自己的看法："第一，要认清军人心理素质教育训练的意义；第二，要构建军人心理素质教育训练体系；第三，要创新军人心理素质教育训练机制；第四，要加强军人心理素质教育训练考核评估。"[②]庞边等学者也从机构设立方面出发，认为我军应当建立军人心理训练的专业研究机构和人才队伍。[③]刘洋志等则从具体途径入手，针对电子游戏越来越多地应用于军事（心理）训练的现状，提出我军应当注意的问题：首先，应当认清军事游戏的地位和作用；其次，要把握军事游戏的开发模式，取长补短，开发出具有我军特色的军事游戏；最后，要认识军事游戏的不足，从其他方面进行有针对性的补充训练。[④]汪涛、李敏等谈到了虚拟现实技术在美军心理疾患防治中的应用情况，并提出了对我军军事应激防治的启示。

综上，通过对外军利用虚拟现实技术进行军人心理训练的研究成果进行分析，可以看出，当前我国军内外学者对外军的军人心理训练情况，特别是依托高技术手段的军人心理训练进行了比较详细的研究，取得了丰硕的成果，总结提炼出许多有益于我军的启示。但相关文献成果多数为介绍性和概述性文章，尚停留在对其现状、特点、方式和途径的现象性描述上。还有许多学者在研究中使用的还不是第一手资料，研究手段比较单一，具体个案研究也比较少。对于如何借鉴和吸收外军的有益经验，并在此基础上进行理论和实践创新，构建切合我军实际的军人心理训练体系，相关研究还不够深入。

二、我军的研究现状

对我军的现状研究主要集中在两个层面：一是对军人心理训练理论的研究，二是对虚拟现实技术应用于军事训练领域的研究，也有少量文献涉及了虚拟现实技

---

① 周清,雷静. 美军军事游戏训练应用探析[J]. 中国军事教育,2013,25(2):40-43.
② 田国祥. 中外军人心理素质教育训练比较研究[M]. 北京:军事谊文出版社,2013:148-183.
③ 庞边,王欣奇. 外军心理教育对我军心理训练的启示[J]. 通信士官杂志,2011(6):48-49.
④ 刘洋志,冯楠. 军事游戏在美军训练中的应用给我们的启示[J]. 专业训练学报,2009(2):64.

术在心理训练中的应用。

（一）对军人心理训练理论的研究

近年来，许多学者积极研究了军人心理训练的问题，他们有的是归纳总结我军现有的心理训练情况，有的是借鉴外军的心理训练来创新我军的心理训练。众多学者一致认为，在当前实战化背景下，军人的心理训练必将成为军事训练的重要组成部分，并且将逐步占据越来越重要的位置。

对于军人心理训练的一些基本理论问题，编者查阅相关文献，认为近年来有四部专著相对而言论述得较为系统全面，参考价值较高。列举如下：裴改改、刘晓宇的《军人心理行为训练教程》，叶波、刘寒凌的《军人心理训练的理论与实践》[1]，张应二、史广生的《军人心理训练理论与实践》以及周为民的《军人心理训练》。

关于我军心理训练的起源问题，裴改改、刘晓宇指出："心理行为训练引入我国是在20世纪90年代中期，这一时期，我军也逐步形成并完善了军人心理行为训练基础理论，研发了相应的军人心理行为训练器械。"[2]张银涛、尚晓军则认为："我军'军事心理教育训练'这一表述是从2003年12月颁发的《中国人民解放军政治工作条例》之后开始的主流提法。"[3]对于军人心理训练的目标与任务，张应二、史广生进行了概括性描述："军人心理训练的任务，概括地说就是通过训练，增强军人的心理素质，使其适应战争环境，保证军人在战斗中做出积极有效的反应，提高部队战斗力。"[4]对于军人心理训练的基本原则，周为民认为应当把握渐进性与持久性相结合、普遍性与特殊性相结合、逼真性与安全性相结合、专业训练与共同训练相结合、积极主动和自觉配合五项基本原则。[5]叶波、刘寒凌则将其归纳为循序渐进、分类指导、渗透结合、科学施训四项内容。

此外，对于军人心理训练的内容、分类、方法等其他基本问题，学者们也进行了相关研究，取得了丰硕成果。例如，在军人心理训练内容方面，周为民认为应当区分士兵和指挥员两个层面，"士兵的心理训练重点应侧重于培养心理稳定性和适应能力"，包括坚定胜利信心的训练、保持心理稳定性的训练以及突出整体意识的训练；"指挥员的心理训练重点应侧重于作战指挥心理"，包括作战决策心理训练、谋略指挥技能训练和战场激励士气训练。[6]张应二等则将其归纳为一般心理训练、专

---

[1] 叶波，刘寒凌. 军人心理训练的理论与实践[M]. 北京：国防大学出版社，2010.
[2] 裴改改，刘晓宇. 军人心理行为训练教程[M]. 北京：军事谊文出版社，2010：5-6.
[3] 张银涛，尚晓军. 军事心理教育训练文献综述[J]. 中国军事教育，2010，22(2)：32-36.
[4] 张应二，史广生. 军人心理训练理论与实践[M]. 北京：军事谊文出版社，2009：6.
[5] 周为民. 军人心理训练[M]. 北京：军事谊文出版社，2009：21-24.
[6] 周为民. 军人心理训练[M]. 北京：军事谊文出版社，2009：26-32.

业心理训练及特殊心理训练三类。其中,一般心理训练又可分为士兵、指挥员和军人集体三个层次。[①]军人心理训练的内容包括心理适应能力训练、心理耐受力训练、军人身心恢复训练、野战生存训练、认知能力训练、情绪稳定性训练、意志品质训练等七项内容。

与此同时,关于心理训练实践层面的问题也吸引了众多学者的关注。在心理训练的组织与实施方面,丛国建、李博等一致表示应当加强心理训练的形势分析、优化内容设计、完善训练保障、严格组织实施等一系列过程。[②③]朱顺义、郑政等研究者还从当前我军部队心理训练情况入手,归纳整理出其中存在的问题,并提出了相应对策和建议。[④⑤]根据训练主体对象的不同,孙锡山、吴凤鸣从预备役部队角度[⑥],邓丽芳从空军飞行员角度[⑦],孙宏伟、王江潭从院校学员角度[⑧],分别对军人心理训练情况进行了分析和总结。

通过对涉及我军心理训练的相关文献的整理和研究,可以看出,文献的涉及范围较为全面。从研究内容来说,既包含了对军人心理训练的定义、原则、规律、方式等基本理论问题的研究,也有不少文献针对当前我军军人心理训练实施过程中存在的问题以及相应的对策措施进行了总结和分析。从训练主体来说,涵盖了包括作战部队、预备役部队及院校在内的多样化群体,成果丰硕。但其中依然存在一些缺点和不足,尤其是关于"战时心理训练"方面的研究,重点还不够突出,鲜有论述这一方面的专门文献。

(二)对虚拟现实技术应用于军事训练领域的研究

关于将虚拟现实技术应用于军事训练领域的问题,许多研究者也进行了研究分析。郭静等通过梳理总结,追溯了虚拟现实技术在军事训练领域的应用最早起源于航空飞行模拟训练。[⑨]张绍荣等则认为可以利用虚拟现实技术进行战役模拟训练,同时探讨了其设计和实现过程中需要遵循和把握的原则。[⑩]张李杰、孙文磊等将

[①] 张应二,史广生.军人心理训练理论与实践[M].北京:军事谊文出版社,2009:7-12.
[②] 丛国建.心理行为训练的组织与实施论要[J].武警学术,2014(1):47-48.
[③] 李博.对组织部队心理训练的思考[J].专业训练学报,2014(1):19.
[④] 朱顺义.浅谈开展心理训练的问题与对策[J].教育训练,2011(4):14-15.
[⑤] 郑政.心理行为训练存在的主要问题及对策[J].中国特警,2007(12):39-40.
[⑥] 孙锡山,吴凤鸣.浅谈加强预备役部队心理训练的方法[J].解放军卫勤杂志,2014,16(2):119.
[⑦] 邓丽芳.飞行员心理素质评估与训练[M].北京:北京大学出版社,2012.
[⑧] 孙宏伟,王江潭.院校学员心理训练浅探[J].海军学术研究,2014(6):38-39.
[⑨] 郭静,陈园园.虚拟现实技术在作战指挥及军事训练中的应用[J].炮兵防空兵装备技术研究,2012(1):55-59.
[⑩] 张绍荣,周红兵.战役虚拟模拟训练问题研究[J].海军学术研究,2010(11):30-32.

虚拟现实技术的应用拓展到军事训练场地的布局和模拟上,概述了训练场地虚拟现实系统的总体设计及场地场景的构建步骤。刘建新等论述了虚拟现实技术在军事教育中的应用情况,对虚拟教室、虚拟协同实验室、虚拟学社、虚拟演播室、虚拟学习环境等场景进行了介绍,分析了其实现方式和应用前景。①关于虚拟现实技术在军事训练中的应用形式,谢意等认为主要包括模拟训练系统、战场可视化虚拟现实训练系统、虚拟仿真实验及装备远程操控四种形式。②此外,也有很多研究者将电子游戏作为虚拟现实技术的重要载体进行了研究。例如,梁昊雷等总结了电脑游戏在军事训练中的应用现状,认为利用电脑游戏可以打造逼真战场、训练武器装备、提高技战术水平和协同意识。③马芊等在广泛研究了我军运用虚拟现实技术的情况后,指出我军的虚拟现实技术研究虽然日渐成熟,但在理论研究与技术保障方面仍存在很多亟待解决的问题。④在利用软件开发战时心理虚拟训练系统进行军事训练方面,陈永科、杨艾军研究了基于Unity 3D软件的虚拟战场地理环境构建问题。⑤陈永科、赵雪也提出可以用Unity 3D软件进行军事游戏开发,提高训练效果。⑥

在利用虚拟现实技术进行心理训练方面,国内也有一些相关文献。刘建新、刘旺盛在所著的《虚拟现实技术在军事教育训练中的应用》一书中,利用一个章节介绍了虚拟现实技术在心理训练中的应用,包括对虚拟现实心理训练的概述、环境的设计及未来发展走向等。李翔、种博从反恐怖作战角度,研究了构建反恐怖作战模拟化心理训练系统的必要条件、原则等问题,并提出了通过虚拟现实技术组织综合反恐怖作战能力训练的构想。张才龙等分析研究了虚拟现实技术在民警心理训练中的作用,认为其在心理训练中的运用模式主要包括对环境的模拟、对武器装备的模拟和对人的模拟三种模式,并梳理归纳了依托虚拟现实技术开展心理训练应把握的关键问题。⑦孙铁强、彭耿等分别从装甲兵和军校学员角度出发,谈到了利用虚拟现实技术进行军人心理评估和诊断的问题,认为其必将成为测评军人心理素质的重要手段。⑧⑨彭耿、张利民等还在文献中专门提出了军人心理虚拟现实系统

---

① 刘建新,刘旺盛. 虚拟现实技术在军事教育训练中的应用[M]. 长春:吉林人民出版社,2006.
② 谢意,许波. 浅谈虚拟现实技术及其军事应用[J]. 军队指挥自动化,2012(5):61-63.
③ 梁昊雷,齐家珍. 浅析电脑游戏在军事教育训练中的应用[J]. 军事训练研究,2009(3):43-46.
④ 马芊,李文丽. 军用虚拟现实技术应用现状及前景[J]. 中国特警,2013(6):11-12.
⑤ 陈永科,杨艾军. 基于Unity的虚拟战场地理环境构建[J]. 兵工自动化,2014,33(7):20-23.
⑥ 陈永科,赵雪. 军事虚拟游戏训练系统研究[J]. 海军大连舰艇学院学报,2012,35(6):79-82.
⑦ 张才龙,宋晓波. 试析虚拟现实技术在民警心理训练中的作用[J]. 武汉公安干部学院学报,2011(4):7-9.
⑧ 孙铁强,顾柏园. 虚拟现实技术在装甲兵乘员心理素质测评中的应用[J]. 装甲兵技术学院学报,2002(3):26-27.
⑨ 彭耿,张利民. 虚拟现实技术在心理素质教育中的运用[J]. 海军院校教育,2004,14(6):42-44.

的设想。刘南海也谈到了通过模拟训练,能够提高飞行员的心理品质,包括认知性、抗压性、应激能力和团队精神等。[①]

此外,也有不少新闻、报刊对我军模拟化心理训练的实践情况进行了报道和梳理。海军某潜艇基地建成了战场环境心理训练室和战场行为模拟训练场,开展官兵心理素质训练。空军对飞行员进行严格的心理行为训练,针对战时心理行为失控、情绪焦虑和恐慌等十余种心理表现,建立了战场心理行为训练模式,分专业、分人员展开专项战时心理素质训练。火箭军某部采取针对性措施,将官兵拉到心理行为训练场开展心理行为训练。原南京军区第102医院创建了中国军队第一个"战时心理服务大队",完成汶川抗震救灾、亚丁湾护航等重大军事行动中的心理服务保障任务。解放军工程兵学院建成了军事心理训练中心,包括了五个军人心理素质模型实验室。空军指挥学院则探索了虚拟现实技术与心理训练的结合模式,建立了心理训练实验室。

三、研究评述

通过对文献资料的分析整理可以看到,总体上讲,学者们在对"军人心理训练"和"虚拟现实技术应用"等问题的研究过程中,既有针对理论层面的分析,又有针对实践层面的探讨,取得了一些很有价值的成果,能够为"基于虚拟现实技术的战时心理训练"这一问题的研究提供借鉴和参考,但同时也有一些需要注意的方面。

(一) 研究成果对本课题具有一定的支撑作用

从收集整理的文献情况来看,目前对"军人心理训练"问题的理论研究较为深入,成果丰富,这为我军开展心理训练提供了有力的理论保障和依据。而关于运用虚拟现实技术进行军事(心理)训练方面,各兵种、院校及科研机构也都积极参与,在理论及实践两个层面都取得了一定的进展。总的来说,这些研究成果虽然不能直接服务于本课题,但能够起到一定的参考和借鉴作用,为本课题研究奠定了基础。

(二) 研究成果借鉴时应注意的方面

第一,研究成果缺乏针对性。对"基于虚拟现实技术的战时心理训练"这一问题,相关直接研究及理论成果还比较匮乏。对于"战时心理训练"的理论研究还存在概念界定不够清晰的问题,相关内容也没有从"军人心理训练"的范畴中突出出

---

① 刘南海. 浅谈模拟训练对飞行员心理品质的培养[J]. 飞行仿真,2007(1):7-8.

来。此外,关于如何将虚拟现实技术融入军人心理训练,尤其是哪些训练内容可以利用虚拟现实技术实现,也基本上是寥寥数人的一家之言,没有形成体系规模。这些基本问题是开展相关研究的前提和依据,应当在下一步研究中首先进行明确。

第二,研究内容缺乏实用性。主要表现为:一是在虚拟现实的关键技术层面上,抽象的、原则性的理论介绍多,具体的、操作性的措施偏少;二是在利用虚拟现实技术进行军人心理训练的组织与实施方面,目前还缺少规范统一的操作流程,对受训者的指导作用不强。关于训练实践层面的研究,应当是训练整体研究工作的核心和重中之重,也是今后研究的主要方向。

第三,研究手段缺乏综合性。"基于虚拟现实技术的战时心理训练"这一问题涉及范围较广,需要交叉融合包括军事学、心理学、计算机科学与技术在内的多学科知识。因此,在研究过程中要融合发展多学科知识进行复合式研究。但目前而言,军内外还缺少相关领域的复合型人才,致使研究手段较为单一。在下一步的研究中,一方面,要加强虚拟现实技术与军事学的交叉研究,增强研究的专业性和理论性;另一方面,对军人心理训练的研究,要紧密联系当前我军军事训练转型,从实战化背景出发加以研究。

总之,目前学术界对"军人心理训练""虚拟现实技术应用"等理论问题研究较多,对"战时心理训练"的研究较少,对"基于虚拟现实技术的战时心理训练"的研究更是几乎没有涉及。从贯彻落实"实战化"训练要求的根本出发,研究"基于虚拟现实技术的战时心理训练"这一问题具有较强的理论价值和创新价值。

第二章 战时心理虚拟训练基础理论

战时心理虚拟训练是军事训练方法和虚拟现实技术相结合的一种先进训练方式,也是部队官兵开展心理训练平台与战场虚拟战斗环境相融合的一种有效训练途径。如何利用虚拟训练技术合理巧妙地实现战时心理训练,是开展战时心理虚拟训练必须要搞清的基本问题。本章提出了战时心理虚拟训练的概念,重点分析其训练目标、适合开展的训练课目、虚拟训练的方法等内容;战时心理虚拟训练需要构建相应的训练系统作为平台,本章对系统搭建的软件技术和硬件设备进行了简要描述。战时心理虚拟训练有别于传统的心理训练,为了充分理解和挖掘其应用潜力,本章还对战时心理虚拟训练的优势所在、作用机理、支援条件进行了客观的分析。最后,对战时心理虚拟训练的研究现状进行综述。本章内容是第一章理论知识的扩展和归结,也为战时心理系统构建技术和方法奠定了坚实的理论基础。

第一节 战时心理虚拟训练的概念

一、虚拟现实技术的概念

(一) 虚拟现实技术的定义

关于虚拟现实思想的起源,学术界已达成广泛共识。Ivan Sutherland 在 1965 年的国际信息处理联合会议(International Federation for Information Processing)上所做的题为《终极的显示》(*Ultimate Display*)的报告中,首先提及了虚拟现实思想的雏形。20 世纪 80 年代初期,美国 VPL 公司创始人、发明家 Jaron Lanier 正式提出了"Virtual Reality"这一名词,即虚拟现实。

通俗地讲,虚拟现实技术指的是这样一种技术,它可以将客观上存在或不存在的事物,通过软件平台与硬件设备的帮助,以非现实的方式呈现在人的面前,使人沉浸其中、真假难辨。当然,从科学研究的角度出发,任何名词都需要给出准确严谨的界定。

目前,学术界对于"虚拟现实技术"的定义主要分为广义和狭义两种。

广义的观点认为,虚拟现实技术是对虚拟想象(三维可视化)或三维真实世界的模拟。真实再现某个特定环境,用户通过接收和响应虚拟环境的各种感觉刺激,与其中虚拟的对象进行交互,有身临其境的感觉。一切具有自然模拟、逼真体验的技术与方法都可以称为虚拟现实技术。

狭义的观点认为,虚拟现实技术是一种先进的人机交互方式,可以称之为"自然人机界面"。在这个环境中,用户看到的是全彩色变化景象,听到的是虚拟环境中的声音,身体可以感受到虚拟环境反馈给用户的作用力,由此使用户产生一种身临其境的感觉。具体地讲,指的是"采用以计算机技术为核心的现代高科技,生成逼真的视觉、听觉、触觉等一体化的虚拟环境。用户借助必要的设备以自然的方式与虚拟世界中的物体进行交互,从而产生亲临真实环境的感受和体验"。[①]

另外,也有学者将虚拟想象与人机交互相结合得出虚拟现实的概念。安维华把虚拟现实技术的概念归纳为:虚拟现实技术是采用以计算机技术为核心的现代高科技手段生成逼真的视觉、听觉、触觉、味觉等一体化的虚拟环境,用户借助一些特殊的输入/输出设备,采用自然的方式与虚拟世界中的物体进行交互、相互影响,从而产生亲临真实环境的感受和体验。[②]这一概念综合了狭义和广义两种观点。

简而言之,虚拟现实技术就是把抽象的、不易观察的、陌生的事物和概念,以具体的、直观的、用户熟悉的方式展现出来。美国科学家Grigore Burdea早在20世纪80年代就揭示了它的技术实质,他说:"虚拟现实就是一种先进的计算机用户接口。"[③]用户通过这一人机接口,可以极其方便地对虚拟环境中的事物进行操作,大大提高了工作效率。虚拟现实技术的表现形式是多种多样的,它既可以将抽象的概念或构思变得"具体化"和"可视化",也可以营造出真实的现场氛围,生成某些复杂的、难以用实体搭建的特殊场景,满足实验、训练和工作的需要。

(二) 虚拟现实技术的特征

虽然关于虚拟现实技术的概念在学术界是有争议的,但对于虚拟现实技术的几个特征的描述基本是相同的。Grigore Burdea在1993年世界电子年会上发表的 *Virtual Reality System and Application* 一文中,提出了虚拟现实技术三角形,即"3I"特征:Immersion(沉浸性)、Interaction(交互性)、Imagination(构想性)。"3I"特征是相互联系的,每个特征的实现都依赖于其他两个特征的实现,用以区别多媒体技术、仿真技术、科学计算可视化技术等相邻概念,如图2.1所示。

---

① 庄春华,王普.虚拟现实技术及其应用[M].北京:电子工业出版社,2010:1.
② 安维华.虚拟现实技术及其应用[M].北京:清华大学出版社,2014:7.
③ 刘建新,刘旺盛.虚拟现实技术在军事教育训练中的应用[M].长春:吉林人民出版社,2006:4.

图2.1 虚拟现实技术的"3Ⅰ"特征

沉浸性是虚拟现实技术最主要的特征,是指由计算机产生逼真的三维立体场景,通过特定的人机交互设备,使用户沉浸在虚拟的环境中,成为虚拟环境中的一员,并参与虚拟世界的活动,一切感觉非常逼真。它能够使用户全身心地投入由计算机生成的虚拟场景中,是衡量技术水平的重要标尺。"用户在虚拟场景中有'身临其境'之感。他所看到的、听到的、嗅到的和触摸到的,完全与真实环境中感受到的一样。"[①]

交互性是指"参与者对虚拟环境内物体的可操作程度和从环境中得到反馈的自然程度"。[②]用户可以通过手势、动作、表情、语音、眼球甚至脑电波识别进行多维的信息交互,计算机根据这些信息,来调整输出图像、声音等信息,使之更加接近真实世界中人与外界的交互方式。用户借助各种输入设备和感应装置与虚拟环境进行交互作用,虚拟环境则对用户的操作做出实时响应和反馈。需要注意的是,虚拟环境中生成的各种客体必须符合科学性原则,这样才能确保交流过程自然顺畅。

构想性是指用户在虚拟世界中根据所获取的视觉、听觉、触觉等多种信息和自身反馈给系统的信息,通过逻辑判断、想象和推理等思维过程,对系统的状态和运行进行想象的能力。用户在与虚拟场景交互作用的过程中产生新的构思的能力,不仅创造了一个用户与计算机交流的机会,还能够帮助用户解决很多实际问题。在与虚拟环境进行交互作用的过程中,用户能够获取新知识,萌发新创意,同时还可以将这些新的想法和构思"输入"到虚拟环境中去,并得到实时反馈。长此以往,经过反复的"想法—实践—新想法—新实践"的过程,用户的创新性思维和解决问题的能力得到提高。

(三) 虚拟现实系统

虚拟现实技术的根本目标就是要达到真实体验和基于自然技能的人机交互。因此,能够达到或者部分达到这样目标的系统就可以称为虚拟现实系统。[③]通常来说,虚拟现实系统主要由硬件和软件两部分组成。其中,硬件包括高性能计算机、

[①] 张菁,张天驰.虚拟现实技术及应用[M].北京:清华大学出版社,2011:3.
[②] 钟玉琢.多媒体计算机与虚拟现实技术[M].北京:清华大学出版社,2009:31.
[③] 申蔚,曾文琪.虚拟现实技术[M].北京:清华大学出版社,2009:5.

输入设备和输出设备。软件包括安装在计算机中的操作系统、数据库管理系统、应用软件等。虚似现实系统的组成如图2.2所示。

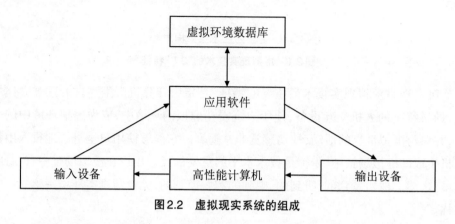

图2.2 虚拟现实系统的组成

计算机是虚拟现实系统的核心组成部分。由于虚拟环境本身的复杂性和响应的实时性,因此其生成过程中需要完成大量的运算,只有高性能的计算机才能完成,例如"基于高性能的图形工作站、高度并行的计算机及基于分布式结构的计算机系统等"。[①]

输入输出设备是进行人机交互的媒介,在用户与虚拟环境之间起到桥梁作用。输入设备主要用于将用户的动作、位置等数据信息传递给虚拟环境,包括触觉系统、跟踪系统等;输出设备主要用于向用户呈现虚拟环境并进行交互反馈,包括视觉系统、听觉系统等。

应用软件主要负责连接和集成虚拟现实系统的各个部件,直接影响着系统实时性和自然性。它应当具备以下功能:接受传感器信息,进行数据转化,生成三维显示图形和调用数据库等。

虚拟环境数据库用于存储整个虚拟环境中所有物体的数据、信息、模型等内容,以满足能够随时被高层应用软件调用和组合的要求。因此,虚拟现实系统一般选择性能强大、存储效率高的大型数据库系统。

用户与虚拟环境间的交互作用主要是通过虚拟现实系统实现的。首先,用户通过输入设备进行一系列操作,输入设备将用户的动作和位置信息转化为数据传递给应用软件;然后,应用软件接收并"理解"输入数据,对虚拟环境的三维视图进行重新计算,将已更新的视图及其他信息传递给输出设备;最后,由输出设备将交互反馈后的虚拟环境呈现在用户面前。

---

① 庄春华,王普.虚拟现实技术及其应用[M].北京:电子工业出版社,2010:2.

二、战时心理虚拟训练的概念

根据上述战时心理训练和虚拟现实技术的概念,本书把"基于虚拟现实技术的战时心理训练"概念概括为:采用以计算机技术为核心的现代高科技手段生成逼真的视觉、听觉、触觉、味觉等一体化的近似实战的虚拟战场环境,借助一些特殊的输入输出设备,科学运用心理学手段,有目的、有计划地对军人心理施加刺激和影响,提高军人遂行作战任务所需的心理素质和能力的一种训练。以下将它简称为战时心理虚拟训练,所设计的系统称为战时心理虚拟训练系统。

战时心理虚拟训练系统运用虚拟现实技术能够构建集声、光、电、血、火等特效粒子于一体的较为逼真的环境,为受训人员创造了一种身临其境的立体战场环境,增强了沉浸感和临场感,受训者借助头盔、数据手套、数据衣等交互设备和虚拟战场环境进行交流,模拟实现了人与虚拟环境之间的互动。依据心理训练规律,模拟的战场环境越逼真,受训者的心理反应就越接近实际战场的反应,经过这样的训练后,受训者的战时心理适应性和承受力得到了增强。

通过实兵实弹训练的方式进行心理训练,训练效果好,但是费用极高。而战时心理训练需要通过循序渐进的练习,仅靠一两次的训练难以达到所需的训练目标。战时心理虚拟训练解决了训练效果和有限经费之间的矛盾。通过使用虚拟现实技术开发出的战时心理训练软件系统平台,可以创设出符合战时心理训练要求的多种训练环境,这种训练环境具有很强的可移植性和可扩展性,重复利用率高,设备损耗低,极大地节省了战时心理训练的经费。

第二节　战时心理虚拟训练的内容和方法

一、战时心理虚拟训练的目标

战时心理虚拟训练的总体目标是:根据战争时期部队可能担负的作战任务需求,以有关条令条例和规章制度为依据,运用科学的心理学原理,采用虚拟现实技术,通过循序渐进的训练,使军人个体和集体具备良好的战时心理素质,保证军人能适应信息化条件下局部战争中各种艰险、复杂、残酷、恶劣的战斗环境,最大限度地激发军人潜能,保持其旺盛的战斗精神。

（一）军人个体目标

军人个体的战时心理虚拟训练的具体目标有下列五个：

(1) 快速的心理适应力。能够适应各种恶劣和极端条件的作战环境，针对性地调整心理以应对作战对象的变化，能够从容应对残酷激烈、进程快速、样式多变的信息化战争。

(2) 强大的心理承受力。在面对困境时，能够调整和克服自身的紧张心理，很好地应对和处置各种突发情况。

(3) 持久的心理耐力。经受持久的战争刺激后，军人的心理机能依然保持在较高的水平。

(4) 迅速的心理恢复力。军人受到强烈的刺激，引发了应激反应后，能够及时调整和恢复心理状态，尽快消除消极的应激反应。

(5) 良好的心理活力。能够调动自身的心理潜能，在战争中表现出良好心理状态甚至更高水平的能力。

（二）军人集体目标

军人集体的战时心理虚拟训练的具体目标有下列五个：

(1) 指挥员强大的战时心理素质。指挥员具备临危不惧、坚忍不拔、从容镇定、果断坚决的心理素质，控制和引导部属的集体情绪。

(2) 快速的环境适应性。军人集体对所处的快速变化的环境能够做出相应的适应性反应。

(3) 一致的行动协同性。军人集体有协调一致的协同作战能力，相互之间密切配合。

(4) 较强的情感凝聚性。军人个体有对集体强大的向心力，个体之间有很强的亲和力和凝聚力。

(5) 良好的人际沟通性。军人集体中对于出现的矛盾和问题，能够通过良好的沟通及时化解。

二、个体战时心理虚拟训练课目

为了实现战时心理训练的目标，需要设置战时心理虚拟训练课目，从而进行一系列的专门训练来达到要求。同时充分考虑虚拟现实技术的特点，设置通用虚拟现实技术来完成战时心理训练的课目。通过分析研究战时心理训练的目标，结合虚拟现实技术的特点,参照《陆军军事训练大纲》中训练课目的要素,提出六个个体战时心理虚拟训练课目,即个体战时心理准备虚拟训练、个体战时心理适应力虚拟训练、个体战时心理承受力虚拟训练、个体战时心理耐力虚拟训练、个体战时心理恢复力虚拟训练、个体战时心理活力虚拟训练。每个课目列出课目的名称、训练条件、训练内容和训练标准。①②

个体战时心理虚拟训练课目如表2.1～表2.6所示。

表2.1 个体战时心理准备虚拟训练

课目一	个体战时心理准备虚拟训练	
条件	战时心理训练教材、资料,虚拟现实硬件设备、软件平台,室内模拟训练场	
序号	内容	标准
1	作战理论学习	了解和掌握常见作战形态、样式、手段等内容,做到心中有数
2	心理知识学习	了解和掌握心理学常识以及战时心理训练的基础理论
3	了解作战对象	了解和掌握作战对象的作战特点、作战样式、武器装备等基本情况,做到心中有数
4	对比敌我情况	对比敌我双方的人力、物力、武器装备等情况,清楚我方作战中的有利条件和不利因素

表2.2 个体战时心理适应力虚拟训练

课目二	个体战时心理适应力虚拟训练	
条件	战时心理训练教材、资料,虚拟现实硬件设备、软件平台,室内模拟训练场	
序号	内容	标准
1	适应战场环境	适应作战区域的地理环境、自然环境、实体环境及其变化,具有在各种恶劣条件下遂行战斗任务的心理能力
2	适应作战对象	适应作战对象的作战样式、武器装备及其变化,具有与各种作战对象对抗的心理能力
3	适应作战特点	适应现代战争进程快、样式多变、激烈程度高、指挥复杂等特点,具有与现代战争特点相适应的心理能力

---

① 杨国愉.军人团体心理训练[M].重庆:西南师范大学出版社,2016:32-45.
② 张康莉,高伟,文凤华.基层部队官兵心理卫生训练指导手册[M].北京:军事医学科学出版社,2015:131-172.

表2.3 个体战时心理承受力虚拟训练

课目三	个体战时心理承受力虚拟训练	
条件	战时心理训练教材、资料,虚拟现实硬件设备、软件平台,室内模拟训练场	
序号	内容	标准
1	承受战场景象刺激	能够承受战场上残垣断壁、尸横遍野、血流成河等各种恐怖景象的刺激,保持战斗力,完成作战任务
2	承受战斗困境刺激	能够承受战斗中大兵压境、孤立无援、补给中断等各种困难境况的刺激,保持战斗力,完成作战任务

表2.4 个体战时心理耐力虚拟训练

课目四	个体战时心理耐力虚拟训练	
条件	战时心理训练教材、资料,虚拟现实硬件设备、软件平台,室内模拟训练场	
序号	内容	标准
1	战场环境耐力	能够长期忍耐战场上高原、高温、寒冷、雨雪等各种艰苦恶劣的自然环境,保持战斗力,完成作战任务
2	战斗过程耐力	能够忍耐持久战、消耗战等体力、精力、物资耗费巨大的战斗过程,保持战斗力,完成作战任务

表2.5 个体战时心理恢复力虚拟训练

课目五	个体战时心理恢复力虚拟训练	
条件	战时心理训练教材、资料,虚拟现实硬件设备、软件平台,室内模拟训练场	
序号	内容	标准
1	心理疲劳恢复	具有在心理活动因外界刺激产生疲劳后,一旦消除或减弱刺激就能迅速恢复正常水平的弹性能力
2	心理障碍恢复	具有在心理活动因外界刺激出现障碍时,能通过自我调节扫除心理障碍的调适能力
3	心理损伤恢复	具有在心理活动因外界刺激遭受损伤后,能依靠自己的力量平复心理创伤的自疗能力

表2.6 个体战时心理活力虚拟训练

课目六	个体战时心理活力虚拟训练	
条件	战时心理训练教材、资料,虚拟现实硬件设备、软件平台,室内模拟训练场	
序号	内容	标准
1	调动心理潜能	挖掘战斗条件下心理活动的潜在能量,调动和开发心理潜能
2	激活心理活动	研究战斗条件下的最佳心理紧张度,把心理活力激发到最佳水平,使紧张恰到好处,激活心理活动
3	形成条件反射	研究战斗条件和心理活动的关系,形成积极的"战斗条件-心理状态"的条件反射,使心理活动水平在一定战斗条件下超常发挥

三、集体战时心理虚拟训练课目

同理,通过分析研究战时心理训练的目标,结合虚拟现实技术的特点,参照《军事训练大纲》中训练课目的要素,提出五个集体战时心理虚拟训练课目,即指挥员战时心理虚拟训练、集体战时环境适应性心理虚拟训练、集体战时行动协同性心理虚拟训练、集体战时情感凝聚性心理虚拟训练、集体战时人际沟通性心理虚拟训练。[①][②]下面具体分析课目的名称、训练条件、训练内容和训练标准,如表2.7~表2.11所示。

表2.7 指挥员战时心理虚拟训练

课目一	指挥员战时心理虚拟训练	
条件	战时心理训练教材、资料,虚拟现实硬件设备、软件平台,模拟训练场	
序号	内容	标准
1	决策力	面对错综复杂、变化万千的战场情况,运筹帷幄、决胜千里,指挥员具备果断决策的心理素质
2	毅力	在作战的关键时刻,指挥员能坚持忍受最大的困难,经受住持久的考验,具备坚忍不拔的毅力
3	自控力	指挥员在情况危急、环境艰难、指挥受挫、作战失利、伤亡过大等不利情况下,依然有很强的自控力

表2.8 集体战时环境适应性心理虚拟训练

课目二	集体战时环境适应性心理虚拟训练	
条件	战时心理训练教材、资料,虚拟现实硬件设备、软件平台,室内模拟训练场	
序号	内容	标准
1	适应战场环境	适应作战区域的地理环境、自然环境、实体环境及其变化,具有在各种恶劣条件下遂行战斗任务的心理能力
2	适应作战集体	适应所在集体中每个成员的特点,能够很好地融入集体之中
3	适应作战任务	了解集体中每个成员担负的战斗任务,在协同完成集体战斗任务时,能够与其他成员默契配合,适应集体作战任务

---

① 杨国愉.军人团体心理训练[M].重庆:西南师范大学出版社,2016:32-45.
② 张康莉,高伟,文凤华.基层部队官兵心理卫生训练指导手册[M].北京:军事医学科学出版社,2015:131-172.

表2.9　集体战时行动协同性心理虚拟训练

课目三	集体战时行动协同性心理虚拟训练	
条件	战时心理训练教材、资料,虚拟现实硬件设备、软件平台,室内模拟训练场	
序号	内容	标准
1	团结一致	当面临困难和危险时,能够紧密团结、维护集体荣誉
2	完成任务	行动中密切协同、相互配合,产生强大的整体力量,促进任务的完成

表2.10　集体战时情感凝聚性心理虚拟训练

课目四	集体战时情感凝聚性心理虚拟训练	
条件	战时心理训练教材、资料,虚拟现实硬件设备、软件平台,室内模拟训练场	
序号	内容	标准
1	士气	在遂行战斗任务时,显示出同仇敌忾、不畏艰险的高昂士气
2	荣誉感	有强烈的荣誉感,所有个体都积极为集体增光添彩,表现出很强的集体向心力

表2.11　集体战时人际沟通性心理虚拟训练

课目五	集体战时人际沟通性心理虚拟训练	
条件	战时心理训练教材、资料,虚拟现实硬件设备、软件平台,室内模拟训练场	
序号	内容	标准
1	人际沟通	当遇到不同的意见、矛盾和问题时,保持良好的信息沟通、交流思想,消除思想隔阂、统一认识
2	困难求助	当自身遇到困难时,通过沟通协调,及时向他人求助,克服当前困难

四、战时心理虚拟训练的方法

战时心理虚拟训练的方法,可以归纳为三种:模拟战场环境、模拟战斗困境、模拟战斗任务。

(一)模拟战场环境

战场环境是指作战空间中除人员与武器装备以外的客观环境,主要包括地理环境、气象环境、电磁环境、生化环境等,它们大都能通过相应的硬件设备和软件技术进行模拟,使受训者切身体会到将来战场上各种可能出现的景象对身体器官的刺激。[①][②]比如,模拟逼真的山地、沙漠、海洋、城市等地理环境,声、光、电、火等自然环境,具有真实尺寸、爆炸效果的武器装备和弹药等,从而给受训者强烈的感官刺激,达到身临其境的效果。[③]

(二)模拟战斗困境

除了模拟战场环境之外,还要从完成作战任务的角度出发,设置复杂多变、危险艰难的敌情,使受训者体验到能力、情绪、意志等多方面的困难[④],从而提高受训者的战时心理素质。例如,可以在训练中设置通信中断、弹药不足、伤亡过大等恶劣情境,培养受训者沉着冷静、临危不惧等良好的意志品质。经过反复、多样的虚拟训练,受训者的心理会逐步适应,形成良好的战时心理素质。

(三)模拟战斗任务

结合部队作战任务的特点,可以在模拟完成战斗任务的同时,培养集体的心理素质。比如模拟步兵班攻击战斗掩体,在完成战斗任务中,受训者需要与其他成员沟通协调,协同作战,遇到困难时需要积极求助,受训者共同完成战斗任务,通过战斗的各个阶段,体会心理的起伏波动,提升集体战时心理素质。

第三节 战时心理虚拟训练的软硬件构成

一、战时心理虚拟训练硬件设备

战时心理虚拟训练的硬件设备主要分为输入设备、输出设备和监测设备。[⑤]输入设备用来输入受训者发出的动作,使受训者可以操控一个虚拟境界。输出设备的作用是将虚拟世界中的各种感知信号转变为人所能接收的多通道刺激信号[⑥],现

---

① 万刚,莫凡,等.战场环境仿真应用[D].郑州:中国人民解放军信息工程大学测绘学院,2008:2.
② 王华,何伟.虚拟现实技术及其在训练仿真中的应用[M].北京:解放军出版社,2015:16-17.
③ 钱永才,阚云松.军人心理调适与心理训练[D].合肥:陆军军官学院,2013:20.
④ 田国祥.中外军人心理素质教育训练比较研究[M].北京:军事谊文出版社,2013:87-89.
⑤ 程刚,曾东.美国陆军作战分队模拟训练器材研究[M].北京:解放军出版社,2016:2-5.
⑥ 娄岩.虚拟现实与增强现实技术概论[M].北京:清华大学出版社,2016:34.

在相对成熟的应用是基于视觉、听觉和触觉(力觉)的设备,基于味觉、嗅觉等的设备还不是很成熟。监测设备的作用是采集人体各项生理指标,用于训练测量和评估。

(一) 输入设备

输入设备有数据手套、数据衣、三维定位跟踪设备(头盔等)、语音识别设备、眼动追踪设备等。[①]

1. 数据手套

数据手套的主要作用是捕捉人体手部的姿态和动作,通常由多个弯曲传感器组成,可以感知手指关节的弯曲状态。[②]数据手套穿戴在受训者手上,可以实时获取受训者手掌、手指姿态的变化信息,在计算机中虚拟的手部模型就受到受训者的实时控制,受训者感觉这个虚拟的手部模型就好像是自己真实的手,可以抓取、移动、装配、操纵虚拟世界中的物体。

2. 数据衣

数据衣和数据手套的原理一样,可以让虚拟现实系统识别受训者的全身运动,可以检测出受训者的四肢、腰部等部位的活动,以及各关节(如手腕、肘关节)弯曲的角度。[③]它能够对人体五十多个不同的关节进行检测,通过光电转换,将身体的运动信息送入计算机进行图像构建。

3. 三维定位跟踪设备

三维定位跟踪设备的作用是检测位置和方位,并将信息传给虚拟现实系统。如上述的数据手套和数据衣,都必须配备跟踪定位装置。更为常用的是头盔显示器,要检测头在三维空间中的位置和方位,一般要跟踪六个不同的运动方向,即沿 X、Y、Z 轴的平动和绕 X、Y、Z 轴的转动。[④]由于这几个运动都是相互正交的,因此有六个独立变量,即对应于描述三维对象的宽度、高度、深度、俯仰角、转动角、偏转角,称之为六自由度,用于表征物体在三维空间中的位置与方位。

4. 语音识别设备

语音识别设备的作用是将受训者说话的语音信号转换为可被计算机程序识别的文字信息,进而分析出受训者的语音指令和语义内容。[⑤]语音识别一般包括参数提取、参考模式建立、模式识别等过程。当受训者通过话筒将一个声音信号输入到

---

① 黄德所,韩永要,等.虚拟现实技术及应用[M].北京:海潮出版社,2009:107.
② 王寒,卿伟龙,等.虚拟现实引领未来的人机交互革命[M].北京:机械工业出版社,2016:67.
③ 黄德所,韩永要,等.虚拟现实技术及应用[M].北京:海潮出版社,2009:112.
④ 黄德所,韩永要,等.虚拟现实技术及应用[M].北京:海潮出版社,2009:118.
⑤ 安维华.虚拟现实技术及其应用[M].北京:清华大学出版社,2014:55.

系统中,系统把它转换成数据文件后,语音识别软件将输入的声音样本与事先存储好的声音样本进行对比,声音对比工作完成后,系统就会找到一个它认为最像的声音样本序号,由此可以知道受训者刚才的指令是什么意义,进而执行此命令。

5. 眼动追踪设备

眼动追踪设备的原理是使用摄像头捕捉人眼的图像,然后用算法实现人眼的检测、定位和跟踪,从而估算受训者的视线变化。[1]目前主要使用光谱成像和红外光谱成像两种图像处理方法,前一种需要捕捉虹膜和巩膜之间的轮廓,而后一种则跟踪瞳孔轮廓。当受训者眼睛转动时,虚拟现实系统能够自动识别眼睛的定位,并给出相应变化的图像。

(二) 输出设备

输出设备有视觉感知设备、听觉感知设备、触觉(力觉)感知设备等。

1. 视觉感知设备

视觉感知设备主要向受训者提供立体宽视野的场景显示,并且这种场景会实时变化。主要是头盔显示器,它安装在头部,并用机械的方法固定,头与头盔之间不能有相对运动,在头盔显示器上配有空间位置跟踪设备,能实时检测头部的位置,虚拟现实系统能在头盔显示器的屏幕上显示出反映当前位置的场景图像。[2]

2. 听觉感知设备

听觉感知设备的主要功能是提供虚拟现实世界中声音的输出播放,一般由耳机和专用声卡组成。[3]专用声卡将单通道或普通立体声源信号处理成具有双耳效应的三维虚拟立体声音,受训者通过耳机就能确定声音的空间位置。

3. 触觉(力觉)感知设备

在触觉和力觉这两种感觉中,触觉的内容相对丰富,触觉反馈给受训者的信息有物体的几何形状、表面纹理、滑动等。[4]力反馈给受训者的信息有总的接触力、表面柔顺状况、物体重量等。但目前的技术水平只能做到让触觉反馈装置提供最基本的"触到了"的感觉,无法提供材质、纹理、温度等感觉。前述的数据手套、数据衣等设备可以让人体多个部位感觉到虚拟世界的反馈,如让受训者触碰虚拟世界中的场景和物体,感受到虚拟人物的攻击或者物体的撞击等。

---

[1] 王寒,卿伟龙,等.虚拟现实引领未来的人机交互革命[M].北京:机械工业出版社,2016:62.
[2] 黄德所,韩永要,等.虚拟现实技术及应用[M].北京:海潮出版社,2009:138.
[3] 黄德所,韩永要,等.虚拟现实技术及应用[M].北京:海潮出版社,2009:151.
[4] 黄德所,韩永要,等.虚拟现实技术及应用[M].北京:海潮出版社,2009:170.

（三）监测设备

监测设备主要包括心电监控仪、脑电图仪、皮肤电测试仪、肌肉电传感器、体温传感器、呼吸感应器等。

心电监控仪可以采集受训者平时和训练状态下的心电信号，动态捕捉受训者的心电变化数据，并自动存储，无需人工干预就可以完成。脑电图仪监控受训者连续的脑电波，并且可以高速回放，便于及时观察受训者在整个训练过程中相应的脑电波变化情况。皮肤电测试仪用于采集受训者的皮肤电数据。通常来说，激动的情绪会引起人皮肤血管的扩张和收缩等变化，该仪器依据此原理来监测受训者的情绪反应。肌肉电传感器用于检测受训者肌肉的活动量。当人紧张时，会引起肌肉的活动变化，通过读取电压的变化，来测定受训者的紧张情绪。体温传感器用于采集受训者的体温数据，并传递给虚拟训练系统。呼吸感应器用于采集受训者的呼吸频率数据。

另外，市场上销售的智能运动手环、智能运动手表等也可以完成一定相应功能的测试。

二、战时心理虚拟训练软件技术

战时心理虚拟训练需要有较多的软件技术加以保证，特别是在要求计算机有较高的运行速度的情况下，相关软件技术优化虚拟算法显得尤为重要。战时心理虚拟训练中涉及的相关软件技术主要有三维建模技术、三维声音技术、人机交互技术、碰撞检测技术以及虚拟现实引擎等。

（一）三维建模技术

三维建模技术的目的是把实际三维环境的三维数据转换成相应的虚拟环境模型。在进行战时心理虚拟训练时，受训者在很大程度上通过视觉接收虚拟训练的信息刺激。因此，在构建虚拟战场环境时，要有逼真的实物外形特征。另外，受训者需要与战场环境不停地交互，对系统的实时性提出了很高的要求。然而，现实场景中包含大量的虚拟战场环境不需要的信息，因此也需要对三维模型进行简化。

三维建模技术可以分为几何建模、物理建模、行为建模。几何建模技术用来构建虚拟物体的形状和外观，物理建模技术用来模拟物体遵循的自然界中的物理规律，行为建模技术用来模拟物体的运动及其行为。

(二) 三维声音技术

在人接收信息的途径中,听觉是仅次于视觉的第二传感通道。因此,在战时心理虚拟训练系统中,模拟三维声音是一项非常重要的工作。三维声音技术依据人的生理声学和心理声学原理,模拟声音出现在人的上方、前方或后方。比如在训练中,当受训者听到虚拟场景射击的枪声时,能够像现实世界一样准确判断出敌人的位置,从而使系统更加真实。

(三) 人机交互技术

人机交互技术的作用是使受训者可以使用手势、表情、眼动等感觉方式,与虚拟环境发生交互。在战时心理虚拟训练中,用到的人机交互技术主要有手势识别、面部识别和眼动识别。

手势识别是最基本的人机交互方式,受训者可以通过手的位置、方向以及手指弯曲度下达指令。面部识别的作用是受训者通过面部的表情表达各种情绪,虚拟训练系统可以自动记录微笑、皱眉、惊讶等表情变化。眼动识别的作用是判断受训者的视线变化并据之实时显示虚拟场景,使受训者可以不转动头部,通过视线的转移来进行交互。

(四) 碰撞检测技术

为了保证虚拟环境的真实性,当受训者与虚拟环境中的物体进行各种交互时,会发生碰撞,这就要求不能穿透虚拟环境中的固体物体,碰撞检测技术很好地解决了这个问题。当受训者接触到物体并进行抓、拉、推时,确保发生真实的碰撞并实时做出反应,及时更新场景输出,否则就会发生穿透现象。

碰撞问题一般分为碰撞检测与碰撞响应两个部分。碰撞检测的任务是检测到有碰撞的发生及发生的位置。碰撞响应是在碰撞发生后,根据碰撞点和其他参数促使发生碰撞的对象做出正确的动作,以符合真实世界中的动态效果。[①]

(五) 虚拟现实引擎

在通过上述各种技术获得了虚拟的环境、人物、物体模型后,如何整合这些技术来构建一个所需要的虚拟世界呢?虚拟现实引擎很好地解决了这个问题。虚拟现实引擎一般需要具备三维场景编辑、交互信息处理、物理引擎、粒子特效编辑、动画和动作处理、网络交互等功能。目前,流行的虚拟现实引擎有Unity,它是Unity

---

① 黄德所,韩永要,等. 虚拟现实技术及应用[M]. 北京:海潮出版社,2009:81.

Technologies 公司开发的专业跨平台游戏开发及虚拟现实引擎，可以较方便地完成训练创意开发，生成精彩的虚拟游戏训练内容。Unity 的详细功能可参考有关文献。

三、战时心理虚拟训练的开发工具

虚拟现实以其独特的"3I"特性，在先进的软硬件性能的快速发展带动下，正在不断地颠覆着越来越多的行业，改变着人们的活动方式。战时心理虚拟训练是运用虚拟现实技术和心理训练方法，构建虚拟战场环境下的军人个体和集体的心理训练平台。目前，能用于开发这种虚拟训练系统的软件工具，分门别类的有很多种。我们也有理由来选择不同特色的虚拟现实开发工具。

（一）虚拟现实开发工具分析

虚拟现实是产生身临其境之感的主要手段，是通过逼真的视觉、听觉、触觉、味觉等构建类似现实世界的一体化的虚拟环境。因此，虚拟现实开发工具就可以从视觉类、触觉类、听觉类、味觉类和综合类的方面进行分类，如表 2.12 所示。

表 2.12　虚拟现实开发工具列表

类　型	特　点	工具代表
视觉类虚拟现实开发工具	以用户视觉感受为主的可开发的硬件和软件，实现沉浸式效果	Flash3D、3D 播播、头盔式显示器（HMD）
触觉类虚拟现实开发工具	以用户触觉感受为主的可开发的硬件和软件，实现触摸交互效果	Haptics、Teslasuit、数据手套、数据衣等
听觉类虚拟现实开发工具	以用户听觉感受为主的可开发的硬件和软件，实现声音立体和空间效果	腾讯三维虚拟听觉等
味觉类虚拟现实开发工具	以用户味觉感受为主的可开发的硬件和软件，电流刺激舌头产生虚拟味道	新加坡国立大学虚拟味觉设备等
综合类虚拟现实开发工具	以用户整体感受为主的可开发的硬件和软件，实现沉浸性、交互性和构想性效果	Virtools、Quest3D、VR-Platform、Unreal Engine、Unity3D 等

1. Flash3D

它是对所有基于网页 Flash 播放器播放的且可交互的实时三维画面信息的总

称。该类工具可以制作实时三维画面,常用的引擎有 Stage3D 引擎、Alternativa3D 引擎、Away3D 引擎、CopperCube 引擎、Five3D 引擎、Sophie3D 引擎、Minko3D 引擎、Yogurt3D 引擎、Flare3D 引擎、Sandy3D 引擎、Papervision3D 引擎、NewX3D 引擎、Sharikura3D 引擎和 Alchemy3D 引擎等。各 Flash3D 引擎能实时渲染面数 3000～5000 个,八倍网已实现了3万面运行非常流畅。

2. 3D播播VR开发工具

它是一款通过全景手机视频观看的软件,是为手机眼镜量身打造的3D视频播放器。用户可以体验 3D Studio Max 的影视特效,观看到来自全球各地的精彩 VR 全景视频。同时软件还提供了好玩的VR游戏,在这里还可以对画面进行光学畸变处理,与虚拟现实设备搭配使用时,视频画面不变形。

3. 头盔式显示器(HMD,head mounted display)

它是虚拟现实应用中的 3D VR 图形显示与观察设备。类似摩托车的头盔,内嵌三个自由度的空间跟踪定位器。可与个人电脑、智能手机或其他类型的计算平台相连接收 3D VR 图形信号。VR 输出效果较佳,可做空间上的自由移动,如自由行走、旋转等,沉浸感较强,在VR效果的观察设备中,头盔显示器的沉浸感优于显示器的虚拟现实观察效果。

4. Haptics触觉开发工具

它是通过与计算机进行互动实现虚拟触觉的开发工具。通过硬件与软件结合的触觉反馈机制,模拟人的真实触觉体验。它可以用于训练军人或操作人员的手眼协调能力,也可用于体育竞技训练,如使乒乓球运动员不但能看到球的运动,还能感受到挥拍击球时乒乓球对胶皮的撞击。基于人体复杂的感受机制,Haptics 为虚拟现实或三维环境提供了一种新的发展方向。

5. Teslasuit触控体验工具

目前,虚拟现实开发工具能给用户听和看的逼真体验,但用户的身体还没有"进入"虚拟世界。Teslasuit是虚拟现实全身触控体验套件,紧身衣上配置多个传感器,为用户全身创建感触点。用户穿戴后,就能在虚拟现实里进行真实世界的体验。

6. Virtools

它是一套具备丰富的互动行为模块的实时3D环境虚拟实境编辑软件,通过将现有常用的3D模型、2D图形、声音等整合在一起,可以让没有程序设计基础的美术人员利用内置的行为模块,快速制作出许多不同用途的3D产品,如计算机游戏、多媒体、建筑设计、教育训练、仿真与产品展示等。Virtools作为一种人机交互系统,能制作具有沉浸感的虚拟环境,让参与者产生诸如视觉、听觉、触觉、味觉等各种感官信息,给参与者一种身临其境的感觉。

7. VR-Platform(VRP, virtual reality platform)

它是一款直接面向三维美工的虚拟现实软件。VRP软件体系包含九大产品：VRP-BUILDER虚拟现实编辑器、VRPIE3D互联网平台、VRP-DIGICITY数字城市平台、VRP-PHYSICS物理模拟系统、VRP-INDUSIM工业仿真平台、VRP-TRAVEL虚拟旅游平台、VRP-MUSEUM虚拟展馆、VRP-SDK系统开发包、VRP-MYSTORY故事编辑器。所有的操作都以美工可以理解的方式进行，适用性强，操作简单，功能强大，高度可视化，所见即所得。

8. 腾讯三维虚拟听觉

它利用"头部关联传输函数"(HRTF算法)，对双耳之间的时间差异和频谱差异进行建模，形成有声源方位感的声音。采样混响填补HRIR缺失的环境反射声，从而构建完整的沉浸感声场模型，可以明显地感受到声音的远近和说话人的方位。任何一副具有双声道的耳机都能使用三维虚拟听觉解决方案，从而达到3D耳机的效果，实现声源方位的重现，提供更好的立体感和空间感，带来更强的沉浸感。

9. 新加坡国立大学虚拟味觉设备

它的虚拟甜味设备使用9V电池，有两个主要模块：控制系统和舌头接口。控制系统可以配置不同性质的刺激，如电流、频率和温度的变化，把这些刺激结合起来"欺骗"味觉传感器。舌头接口是两片薄薄的金属电极。当电极接触到舌头时，舌头接口传递的温度变化和电刺激，让用户以为正在体验和食物有关的感觉，用户可以尝到一种虚拟甜味。

（二）Unity3D开发工具简介

本书是以战时心理虚拟训练系统为研究对象，开发平台采用的是Unity3D平台[①]。对于心理虚拟训练，主要是通过设置逼真的战场环境和紧张激烈的作战任务环境，让官兵在完成多种作战任务的过程中，自觉地实现对特定心理素质能力的训练，因此构建过程中没有涉及更专业的虚拟触觉、虚拟味觉、虚拟听觉，主要是通过Unity3D开发工具实现其训练过程。为方便读者了解系统设计和开发的基本技术，这里简要介绍Unity3D虚拟现实引擎，更多的内容可参考https://unity.com/。

1. 为什么选用Unity3D

Unity3D是由丹麦Unity公司开发的游戏开发工具。作为一款跨平台的游戏开发工具，它从一开始就被设计成易于使用的产品，支持包括iOS、Android、PC、Web、PS3、XBox等多个平台的发布。同时作为一个完全集成的专业级应用，Unity还包含了功能强大的游戏引擎。具体的特性包含整合的编辑器、跨平台发布、地形

---

① 郭宇承,谷学静,石琳. 虚拟现实与交互设计[M]. 武汉：武汉大学出版社,2015:112-113.

编辑、着色器、脚本、网络、物理、版本控制等。

在Unity官网主页,有这么一段英文:"Unity is so much more than the world's best real-time development platform."Mechdyne公司技术与创新副总裁朱利安·伯塔(Julien Berta)认为,游戏开发和虚拟仿真技术的创新带来这种新的技术,能够让使用者在Unity平台中创建更加丰富的内容,体验身临其境的显示环境以及更快捷的交互式虚拟现实,同时大大减少诸如政府和国防等领域商业的成本,提高了效益。Unity3D的经典演示就是热带的岛屿,工期为三个人一周完成。也由于它的低成本、小团队开发、上手快的特点,我们最终选择了Unity3D平台,其效果如图2.3所示。

图2.3　Unity3D开发界面

2. 功能优势

Unity3D是由 Unity Technologies开发的一个能够轻松创建三维视频游戏、实时三维动画、建筑可视化等类型互动内容的多平台综合型游戏开发工具,是一个专业、全面的游戏引擎。它具有以下功能:

(1)场景。在场景中可以组装各种资源,比如灯光、模型、材质等。

(2)游戏对象。游戏对象有不同的属性,可以根据需求来设置。

(3)脚本。通过编写脚本来控制游戏对象的状态和行为。Unity3D支持的脚本语言有C♯、JavaScript和Boo三种。

（4）物理引擎。Unity3D运用物理相关算法对游戏对象的运动进行模拟，更加符合真实世界的物理定律。

（5）粒子系统。可用于制作烟、火、爆炸、灰尘、蒸汽、落叶、发光轨迹、拖尾等视觉效果。

（6）动画系统。用于播放角色的行走、跑步、弹跳等动作。

Unity3D平台的优势有很多，主要有以下优势：

（1）有跨平台的特性，可以将Unity3D程序发布至Windows、Mac、iOS、Android等多种平台上。

（2）入门简单，容易上手，使用用户日益增加。

（3）性能高效，功能全面，可满足多种产品的制作和开发需求。

Unity通过插件还能实现更多、更先进的功能，支持3D立体、多通道视频、以观众为中心的视景（头部跟踪），并可以捕捉处理用户互动。这些技术给采用Unity平台进行虚拟现实模拟仿真的项目带来了更加真实的现场体验。

Unity的这些扩展可以产生令人惊叹的视觉互动体验，将会为主流行业带来广泛的利益，如产品生成模拟、建筑漫游、军事训练、医疗培训和直觉反应测试等。

3. 应用领域

Unity技术首席创意官尼古拉斯·弗朗西斯（Nicholas Francis）认为，把这种可视化、身临其境的新技术扩展到Unity平台是非常令人兴奋的，因为Unity系统已经在建筑、医疗成像和其他领域使用。他期待着开发人员在传统基础以外的更多行业应用Unity平台，把Unity拓展到新的领域。

Unity在国内有三种版本，分别是Unity3D PRO虚拟现实、跨平台应用程序开发引擎（商业版），Unity iOS Pro移动终端发布平台，Unity3D PRO虚拟现实、跨平台应用程序开发引擎（教育版）。目前开发的网页游戏有图腾王、木乃伊OL、枪战世界（Offensive Combat）、梦幻国度2等，客户端游戏有Robocraft、Bad Piggie等，手机游戏有王者荣耀、神庙逃亡2（Temple Run 2）、神庙逃亡：魔境仙踪、三国之杀场等，此外单机版的游戏有仙剑奇侠传6、侠客风云传、七日杀等，受到国内广大用户的喜爱。

4. 版本特色

目前最新的版本是Unity 2019，它的特点如下：

（1）具有与流程匹配的可扩展的一体化编辑器。涵盖了一系列用于设计沉浸式体验和游戏世界美术家易于使用的工具以及功能强大的开发者工具套件，可用于实现游戏逻辑和高性能游戏效果。

2D和3D：同时支持2D和3D开发，具有可满足各种游戏类型特定需求的功能。

AI领航工具：可以让你创建的NPC能够智能地在游戏世界中移动。该系统创建导航网格，甚至是动态障碍物，以在运行时改变角色的导航。

有效的工作流程：统一预制，它们是预先配置的游戏对象，为你提供高效灵活的工作流，使你能够自信地工作，而无需担心会造成耗时的错误。

用户界面：内置的UI系统能够让你快速、直观地创建用户界面。

物理引擎：利用Box2D和NVIDIA支持实现高度逼真和高性能的游戏体验。

（2）顶级性能。具有高级分析工具：在整个开发过程中不断优化你的内容，使用UnityProfile特性。本机C＋性能：使用统一开发的后端IL2CPP（中间语言到C＋）脚本。高性能多线程系统：充分利用可用的多核处理器，而不需要大量编程。C#作业系统为编写并行代码提供了一个安全方便的沙箱；实体组件系统（ECS）默认情况下用于编写高性能代码的模型；突发编译器（Burst Compiler）生成高度优化的本机代码。

（3）图形渲染。实时渲染引擎：使用实时全局光照和物理渲染打造高保真的视觉效果。原生图形API：统一支持多个平台，但仍与各个平台的底层图形API息息相关，帮助开发者尽可能利用GPU执行着色器（Shader）等程序，实现图形3D渲染。

（4）美术师和设计师工具。故事叙述：时间线工具赋予艺术家创造惊人的电影内容和游戏序列的力量。影视内容：利用Cinemachine的智能和动态相机套件，可以在统一编辑中像电影导演那样控制相机镜头。颜色分级和特效：通过专业并且功能全面的后期处理FX创建自己所需的外观。动画：使用时间轴、动画2D、粒子，并与Maya和其他第三方工具紧密集成，在Uniform内直接制作动画。关卡设计和世界构建：可在ProBuilder中快速地对关卡进行设计、构建原型和游戏测试，然后混合纹理与色彩、雕刻网格和分散对象聚刷（β版）。往返工作流程：通过Uniform无缝集成Maya这样的数字内容制作（DCC）工具，随时细致打磨你的3D模型。光照：通过渐进光照贴图获得即时反馈，通过后期处理改进和打磨场景，并用混合光照模式优化场景，实现目标平台的最佳效果。

第四节　战时心理虚拟训练的探索

一、战时心理虚拟训练的优势

利用虚拟现实技术可以生成多维动态的空间环境，受训者借助虚拟现实技术相关的硬件设备和器材，可与虚拟环境中的"客观物体"交互作用，产生身临其境之感。因此,将虚拟现实技术应用于战时心理训练具有显著的优势。

(一) 保证了战时心理训练的科学性

虚拟现实技术生成的战场环境与实际作战环境高度接近,能够"以假乱真",使受训者仿佛置身于未来战场之中,随之产生的心理反应非常近似于真实作战中的反应。经过有计划的反复训练,受训者能够对未来战场环境做好更充分的心理准备。因而,将虚拟现实等技术手段应用于战时心理训练,保证了训练的科学有序进行。

(二) 增加了战时心理训练的针对性

与一般的战时心理训练相比,虚拟现实战时心理训练更为便捷和高效。在训练实施的过程中,只需通过修改系统中的相关设置,即可迅速对当前的训练环境做出改变,或直接生成新的训练环境。受训者在不同的训练环境中受到各种因素的刺激,进而产生不同的心理反应,便于组训者能够"对症下药",采取有针对性的心理干预和专项训练。因此,虚拟现实技术的引入大大增加了战时心理训练的灵活性和针对性。

(三) 丰富了战时心理训练的内容

虚拟现实战时心理训练的一大优势就是突破了空间和环境的制约,能够模拟一些通过实物难以实现的特殊场景,可以认为,几乎所有可能出现的战场环境和战斗困境都可以借助虚拟现实技术进行构建。受训者在不同的环境和境况中能够提高不同的战时心理素质和能力,从而在很大程度上丰富了战时心理训练的内容和课目。

(四) 缩减了战时心理训练的开支

受训者战时心理素质和能力的提升,并非是一蹴而就的短期过程,而是一项长期任务。如果仅仅依靠演习和演练的方式进行战时心理训练,势必会造成人力、物力和财力的巨大耗费,而采用虚拟现实技术开展训练则能够在较大程度上缓解这一问题。利用虚拟现实技术构建的战时心理训练环境,重复利用率高,仅需进行日常的维护和保养,极大地缩减了训练经费开支,缓解了训练效果和经费紧张之间的矛盾。

（五）便于训练监控和效果评估

在进行心理训练时，如何评估训练效果一直是长期存在的重难点问题，而虚拟现实技术的引入为解决这一难题提供了可行的解决方案。基于虚拟现实技术交互性强的特点，组训者可以在训练的全过程中，对受训者的表情、神态、动作、行为等训练反应进行实时监控，便于第一时间发现和解决出现的训练问题。因此，在虚拟现实技术的帮助下，能够更好地使用观察法评估训练效果，其可靠性和科学性也随之大大提高。

二、战时心理虚拟训练的机理

虚拟现实战时心理训练最核心的部分是构建真假难辨的虚拟训练环境，使受训者产生超强的沉浸感。要实现这种真实的沉浸感，首先要分析未来战场环境对军人心理产生的不良影响有哪些；其次，还应从心理学角度研究军人为何能够对虚拟环境产生沉浸感，以及虚拟环境的逼真程度对战时心理训练效果的影响。

（一）战场环境对军人心理的影响

残酷恶劣的战场环境会刺激军人的心理，产生诸多负面影响，如战场紧张心理、战场恐惧心理、战场挫折心理和战场疲劳心理等。

1. 战场紧张心理

战场紧张心理，指的是由于战场环境的强烈刺激所产生的应激反应，分为积极的反应和消极的反应两种。积极的反应包括热血沸腾、动作敏捷、果敢灵活等；消极的反应主要有肠胃不适、思维混乱、感官迟钝。短时间的紧张心理基本不会对参战者造成负面影响，而一旦长时间难以平复紧张情绪，则会导致心理活动异常，损害战斗力。参战者在作战中会面临很多未知因素和突发事件，经验的缺乏就会使其心理产生剧烈波动，阻碍心理活动正常进行。

2. 战场恐惧心理

战场恐惧心理，指的是参战者在战场环境下感到害怕、焦虑、畏惧等情绪状态。战场上各种因素的刺激以及其他参战者的情绪状态等都会引起恐惧心理效应，轻者主要表现为惊慌失措、反应迟钝、行动迟缓等；重者则会导致心理紊乱、临阵脱逃、丧失战斗力，甚至休克或死亡。每名参战者的战场恐惧心理表现并不完全相同，主要与个人经历和神经类型有关。作战中，战场恐惧心理会在参战者个体之间快速传播蔓延，形成集体战场恐慌，会极大地削弱战斗士气和战斗力。

3. 战场挫折心理

战场挫折心理,指的是在战场上军人因为预期需要得不到满足时产生的情绪状态。军人的性格、动机、知识水平、实战经验等主观因素,以及恶劣条件、战友伤亡、被敌包围等客观因素都会导致战场挫折心理。参战者在心理受挫时,会产生放弃、绝望等念头,严重时甚至会出现逃跑、投降等行为,直接造成作战失利。

4. 战场疲劳心理

战场疲劳心理,指的是战场环境下参战人员因精神长时间高度紧张而引起的疲惫现象,临床表现有注意力不集中、记忆力减退、情绪低落、心不在焉等,严重时还会出现抑郁症、强迫症等征兆。战场环境刺激、个人心理弹性强度、预设目标难度等因素都会导致战场疲劳心理的产生。实践表明,心理疲劳程度与战斗力强弱并无直接关系,但依然需要通过心理诊断、生理指标测量等方式获取,作为评估受训者心理状态的重要参考。

(二) 虚拟环境沉浸感产生的心理学分析

人之所以能够与外界环境进行交互,主要是由于具有眼、耳、口、鼻、皮肤等多个感觉器官。来自外界的各种刺激,正是通过同时作用于这些感官来刺激人体的。例如,吃饭这件事,人的眼睛看到了饭菜的样子,鼻子闻到了饭菜的香气,嘴巴尝到了饭菜的味道,这样就能根据以往经验很快判断自己是在吃饭,而不是在做其他事情。

因此,利用虚拟现实技术构建战场环境时,就需要把握这一原则,尽可能提供某种战场刺激因素的全面信息,将其分解为视觉、听觉、触觉、味觉、嗅觉等多种人体能够感知的特征,然后通过大脑的加工处理,使之转化为战场沉浸感。虚拟环境提供的刺激信息越全面,受训者越会认为自己处在真实战场之中,相对应产生的心理体验也就越接近实战。反之,如果虚拟环境提供的信息缺少了图像、声音或气味等应该伴随的单个或多个刺激,就会极大削弱受训者的心理体验,使其认为自己受到的某种刺激是可疑的或不真实的。由此可知,借助虚拟现实技术构建的战场环境,正是通过对受训者多个感官的综合刺激来实现较强沉浸感的。

(三) 虚拟环境逼真程度对训练效果的影响

人并非一出生就能对所有外界刺激做出正确判断,而是需要在成长生活的过程中不断学习和积累应对各种刺激的感、知觉经验。人类正是凭借这些已有的经验来判断外界刺激会对自身造成怎样的影响。如果虚拟环境模拟出的各种外界刺激与人的经验不符,人就会认为这一事件是虚假或不存在的,也就不会产生相应的心理反应。

在构设虚拟战场时,也必须要根据人类已有的各种感、知觉经验进行设计。例如,在虚拟坦克驶来的场景时,就要展现出由远及近、由小变大的三维立体影像,并伴随着发动机越来越大的轰鸣声和刺鼻的机油气味。这样受训者就会认为确实有一辆坦克正在驶来,并通过坦克可能会对自己造成巨大伤害的经验,产生真实的恐惧、惊慌等心理反应。因此,虚拟环境的逼真程度决定了受训者能否产生身临其境的体验,直接左右了训练效果的好坏。

三、战时心理虚拟训练的支撑

战时心理训练与一般心理训练的最根本区别就在于,训练环境和内容更贴近实战,而虚拟现实技术为实现这一目标提供了重要支撑。从1965年"虚拟现实"的相关概念被首次提出以来,经历飞速发展,与之同步相伴的是计算机软硬件技术的逐步完善和成熟。目前,几乎所有通过实物能够模拟的战争要素,借助虚拟现实技术和相关设备器材都可以实现,例如恶劣艰苦的自然条件、复杂多变的战场环境、恐怖压抑的战场氛围、残酷激烈的战斗场面等。

当然,借助虚拟现实技术只是开展战时心理训练的众多方法之一,除此之外,还可以通过融合渗透、自我调节、野战生存等方式进行。每种方法都有其长处和优势,虚拟训练不可能完全代替所有方法,也无法适用于所有的战时心理训练内容,尤其是一些较为特殊的训练内容,还需要通过与体能训练、技能训练以及实兵演习相结合的方式进行,其训练效果也更好。

如何将虚拟现实技术有效应用于战时心理训练?一般来说,通常可以采取模拟训练的方式进行,它需要构建虚拟训练系统,将虚拟现实技术与战时心理训练进行有机结合,提高训练效果和水平。战时心理虚拟训练就是虚拟现实技术应用于战时心理训练活动的具体表现形式。

与一般的军事训练相比,战时心理训练具有内容复杂、实施困难、不易评估的特点,因此,在构建战时心理虚拟训练系统时,应当紧密结合训练课目和内容的实际要求,在充分研究和分析训练需求的基础上进行设计。

第五节　战时心理虚拟训练的研究现状

利用中文学术期刊全文检索数据库和军事图书期刊报纸总库,对"虚拟现实技术""军人心理训练"等主题进行检索,发现相关研究主要涉及以下主题:一是关于虚拟现实技术与战时心理训练的基本问题研究,回答了什么是战时心理训练,什么是虚拟现实技术的问题;二是将虚拟现实技术应用于战时心理训练的可行性研究,回答了能否将虚拟现实技术应用于战时心理训练的问题;三是对外军基于虚拟现实技术的战时心理训练的借鉴研究,回答了外军目前的研究现状和对我军的启示问题;四是对我军基于虚拟现实技术的战时心理训练的现状研究,回答了我军目前的研究现状问题;五是应用于军事训练领域的虚拟现实技术的软硬件研究,回答了在军事领域实现虚拟现实系统所需的软硬件技术问题。

一、外军研究现状

(一) 对外军基于虚拟现实技术的战时心理训练的研究

一是美军利用虚拟现实技术进行军人心理评估。[1]美军研发了"虚拟伊拉克"和"虚拟阿富汗"虚拟训练系统,这些系统可以进行心理评估,拓展了虚拟现实技术在军事领域的应用,形成了虚拟现实认识表现评估系统。美军的这些虚拟现实系统能够再现战争场景,战士在虚拟的环境中完成战斗任务,同时检查战士的生理心理指标,从而确定能否参加真实战斗。

二是美军利用虚拟现实技术进行军人心理弹性训练。[2][3][4]美国陆军制定了全维战士建设计划,每名官兵要达到生理和心理都健康的标准,目的是提升官兵的心理适应力和心理恢复力。上述计划可以提升官兵的认知能力,使官兵对自身有清晰的评价,更好地适应战争环境。美军还制订了心理恢复虚拟训练计划,每个场景由虚拟战斗任务组成,随着刺激画面的出现,在训练中的官兵心理出现波动起伏,此时虚拟的心理辅导员出现,帮助官兵调整心态,正确应对,增强他们的心理弹性和心理恢复力。

---

[1] 王振飞. 美军网络游戏训练概述[J]. 现代兵种,2013(5):76.

[2] Bartone P T. Resilience under military operational stress: can leaders influence hardiness?[J].Military Psychology, 2006(18):131.

[3] Mcnally R J. Are we winning the war against posttruama stress disorder?[J]. Science,2012,8(336):872.

[4] 汪涛,李敏,等. 虚拟现实技术在美军心理疾患防治中的应用[J]. 解放军预防医学杂志,2013(5):474.

三是美军利用虚拟现实技术进行军人创伤心理干预。①②③④⑤⑥⑦美军利用虚拟现实暴露疗法来治疗官兵的战后心理障碍。如开发了"越南战争"和"911恐怖袭击"虚拟训练场景用来进行心理治疗。根据不同官兵的心理障碍显示不同的训练场景,同时检查生理心理指标,逐渐消除官兵的心理障碍。

四是其他国家也开展了基于虚拟现实技术的战时心理训练。英国、法国、俄罗斯、印度、以色列等军事强国广泛采用虚拟现实技术进行战时心理训练⑧⑨,能实现在接近于实战的条件下进行模拟训练,可有效提高官兵的心理素质。

综上所述,外军利用虚拟现实技术进行战时心理训练,从训练的内容,到训练的方法手段以及训练的效果评估等各个方面都有非常成熟有效的应用系统。上述系统真实再现了实战条件下的战场环境,模拟战斗任务,使官兵接受近似真实的战场刺激,提升了官兵在战场中的心理适应力、心理恢复力和心理承受力。

(二)对我军基于虚拟现实技术的战时心理训练的启示研究

外军利用虚拟现实技术进行战时心理训练的实践,在心理训练方法、训练系统构建、训练机构设置对我军有着深刻的启示。在心理训练方法方面:第一,要认清军人心理素质教育训练的意义;第二,要构建军人心理素质教育训练体系;第三,要创新军人心理素质教育训练机制;第四,要加强军人心理素质教育训练考核评

---

① Hodges L F, Rothbaum B O, Alarcon R, et al. A virtual environment for the treatment of chronic combat-related post-traumatic stress disorder[J]. CyberPsychology&Behavior,1999(2):7.

② Gerardi M, Rothbaum B O, Resslir K, et al. Virtual reality exposure therapy using a virtual Iraq: case report[J]. J. Traumatic Stress,2008,21(2):209.

③ Rizzo A S, Difede J, Rothbaum B O, et al. Development and early evaluation of the Victual Iraq/Afghanistan exposure therapy system for combat-related PTSD[J]. Ann. N. Y. Acad. Sci., 2010 (1208):114.

④ Difede J, Cukdr J, Patt I, et al. The application of virtual reality to the treatment of PISD following the WTC attack[J]. Ann. N. Y. Acad. Sci.,2006(1071):500.

⑤ Cahill S P, Foa E B, Hembree E A, et al. Dissemination of exposure therapy in the treatment of posttraumatic stress disorder[J]. Journal of Traumatic Stress,2006,9(5):597.

⑥ Wilson J, Onorati K, Mishkind M, et al. Soldier attitudes about technology-based approaches to mental healthcare[J]. Cyberpsychology and Behavior,2008(11):767.

⑦ Reger G M, Hdlldway K M, Candy C, et al. Effectiveness of virtual reality exposure therapy for active duty soldiers in a military mental health clinci[J]. J. Traumatic Stress,2011,24(1):93.

⑧ 吕亚妮,孟祥辉. 外军心理训练状况及特点分析[J]. 长空,2011(3):36-37.

⑨ 广艳辉,邓慧. 外军心理训练的主要做法[J]. 炮学杂志,2011(3):127-128.

估。① 在心理训练系统构建方面：首先，要摆正军事游戏的地位；其次，结合我军的实际情况，开发适应我军官兵的军事游戏；最后，军事游戏要和其他训练相结合。② 在训练机构设置方面：要突出军民融合，充分利用地方的科研力量研究开发军事游戏。③

二、我军研究现状

对于我军基于虚拟现实技术的战时心理训练现状的研究，直接相关文献较少，几乎都集中在与之相关领域的研究上，包括对我军战时心理训练的理论研究和对虚拟现实技术在军事领域的应用研究两个方面。

（一）我军战时心理训练的理论研究

一是关于我军心理训练的起源问题。裴改改、刘晓宇指出，1995年左右，我军有了相对完整的军人心理行为训练理论，开发了心理行为训练器材。④ 叶波、刘寒凌等则在军人心理训练的目标与任务上给出了自己的观点，认为通过心理训练，军人应当具有良好的适应能力和较强的应激能力。⑤

二是关于军人心理训练的基本原则和要求问题。周为民等认为军人心理训练应当把握渐进性与持久性相结合、普遍性与特殊性相结合、逼真性与安全性相结合、专业训练与共同训练相结合、积极主动和自觉配合等五项基本原则。⑥

三是在军人心理训练的具体组织实施方面。丛国建、李博等一致表示要加强心理训练的计划制订、丰富内容设置、完善器材保障、严密组织训练等。⑦⑧

四是关于军人心理训练的不同主体问题。孙锡山、吴凤鸣从预备役部队角度⑨，邓丽芳等从空军飞行员角度⑩，孙宏伟、王江潭从院校学员角度⑪，分别研究了其心理训练的情况。

---

① 田国祥. 中外军人心理素质教育训练比较研究[M]. 北京：军事谊文出版社，2013：148-183.
② 刘洋志，冯楠. 军事游戏在美军训练中的应用给我们的启示[J]. 专业训练学报，2009(2)：64.
③ 庞边，王欣奇. 外军心理教育对我军心理训练的启示[J]. 通信士官杂志，2011(6)：49.
④ 裴改改，刘晓宇. 军人心理行为训练教程[M]. 北京：军事谊文出版社，2010：4-6.
⑤ 叶波，刘寒凌. 军人心理训练的理论与实践[M]. 北京：国防大学出版社，2010：21-24.
⑥ 周为民. 军人心理训练[M]. 北京：军事谊文出版社，2009：21-24.
⑦ 丛国建. 心理行为训练的组织与实施论要[J]. 武警学术，2014(1)：47-48.
⑧ 李博. 对组织部队心理训练的思考[J]. 专业训练学报，2014(1)：19.
⑨ 孙锡山，吴凤鸣. 浅谈加强预备役部队心理训练的方法[J]. 解放军卫勤杂志，2014(2)：119.
⑩ 邓丽芳. 飞行员心理素质评估与训练[M]. 北京：北京大学出版社，2012：168-221.
⑪ 孙宏伟，王江潭. 院校学员心理训练浅探[J]. 海军学术研究，2014(6)：38-39.

五是关于军人心理训练的对策建议问题。朱顺义、郑政等根据我军当前心理训练的实际情况,分析切实存在的问题,并提供了对策措施。①②

(二) 虚拟现实技术在军事领域的应用研究

一是关于将虚拟现实技术应用于军事领域的问题。郭静、陈园园追溯了虚拟现实技术在军事领域的应用起源于飞行模拟训练,在作战指挥中发挥了一定的作用。③张绍荣、周红兵等则认为可以利用虚拟现实技术进行网上对抗训练,摸索出了一套行之有效的方法。④张李杰、孙文磊等用虚拟现实技术搭建军事训练场地,提出了军事训练场地的搭建过程。⑤刘建新、刘旺盛研究了虚拟现实技术在军事教育训练中的应用,介绍了各种类型的虚拟学习环境及其应用条件。⑥

二是关于虚拟现实技术在军事领域中的应用形式。谢意、许波认为主要包括模拟训练系统、战场可视化平台、虚拟仿真实验及装备远程操控四种形式。⑦梁昊雷、齐家珍认为军事游戏可以模拟构建战场环境、研发武器装备、训练合同战术。⑧糜浩则介绍了军事题材游戏《光荣使命》,此款游戏的应用开创了我军军事网络游戏的先河。⑨马芊、李文丽探讨了虚拟现实技术应用到军事领域后,存在的急需解决的问题和困难。⑩

三是关于利用虚拟现实技术进行心理训练方面。刘建新、刘旺盛介绍了心理虚拟训练的理论、设计和发展。⑪张才龙、宋晓波分析指出虚拟现实技术在心理训练中有训练环境、武器装备、战斗任务三种仿真模式,总结了利用虚拟现实技术进行心理训练的经验方法。⑫孙铁强、顾柏园、彭耿、张利民等分别从装甲兵和军校学

---

① 朱顺义.浅谈开展心理训练的问题与对策[J].教育训练,2011(4):14-15.
② 郑政.心理行为训练存在的主要问题及对策[J].中国特警,2007(12):39-40.
③ 郭静,陈园园.虚拟现实技术在作战指挥及军事训练中的应用[J].炮兵防空兵装备技术研究,2012(1):55-59.
④ 张绍荣,周红兵,等.战役虚拟模拟训练问题研究[J].海军学术研究,2010(11):30-32.
⑤ 张李杰,孙文磊,等.基于虚拟现实技术的军事训练场地布局和模拟[J].四川兵工学报,2013(4):91-92.
⑥ 刘建新,刘旺盛.虚拟现实技术在军事教育训练中的应用[M].长春:吉林人民出版社,2006:63-181.
⑦ 谢意,许波.浅谈虚拟现实技术及其军事应用[J].军队指挥自动化,2012(5):62.
⑧ 梁昊雷,齐家珍.浅析电脑游戏在军事教育训练中的应用[J].军事训练研究,2009(3):43-44.
⑨ 糜浩.漫谈军事游戏与军事训练[J].武警警官学院学报,2012(3):64.
⑩ 马芊,李文丽.军用虚拟现实技术应用现状及前景[J].中国特警,2013(6):11-12.
⑪ 刘建新,刘旺盛.虚拟现实技术在军事教育训练中的应用[M].长春:吉林人民出版社,2006:232-249.
⑫ 张才龙,宋晓波.试析虚拟现实技术在民警心理训练中的作用[J].武汉公安干部学院学报,2011(4):8-9.

员角度出发,利用虚拟现实技术评估军人的心理水平,认为它是将来测量军人心理素质的必要方法。[①][②]季震对基于虚拟现实技术的战时心理训练的理论进行了深入研究,并对虚拟训练系统进行了初步设计。[③]

(三)虚拟现实技术在我军心理训练中的应用现状

中部战区某部队把心理训练纳入分业训练中,用符合训练活动规律的方法和手段,设置了战时心理适应能力、战时心理承受能力、战时心理耐力等21项心理训练内容。解放军第102医院依托专家密集的优势,创建了"战时心理服务大队",形成了集心理科研、心理服务、心理救援于一体的卫勤保障拳头。[④]陆军工程大学建设了军事心理训练中心,建立5个军人心理素质模型实验室。[⑤]空军指挥学院在心理训练中运用虚拟现实技术,建立了心理训练实验室。[⑥]硬件方面,配备的专业心理学仪器有闪光融合频率计、暗适应仪、深度知觉仪、速度知觉仪、注意力集中能力测定仪、行为矫正厌恶刺激治疗仪等,使用专业心理学仪器对学员进行认知训练;构建的软件包括军人心理素质测评/监控系统、军人心理能力训练测评/监控系统等,开展心理模拟及平时的心理素质和能力测试训练。

综上所述,学者们对我军利用虚拟现实技术进行战时心理训练的理论进行了深入的研究,各战区、学院、医院都创设了有一定特色的训练内容和训练实验室。这些成果为设计实现基于虚拟现实技术的战时心理训练系统提供了参考。

三、研究评述

分析上述文献资料,总的来说,研究者们在利用虚拟现实等技术手段进行战时心理训练的研究和实践过程中,理论和实践都有丰硕的成果。他们的研究成果为将来虚拟现实技术在战时心理训练中的广泛运用做出了贡献,并为今后的研究奠定了坚实的基础。但是,研究仍然存在一些问题和不足。

---

① 孙铁强,顾柏园.虚拟现实技术在装甲兵乘员心理素质测评中的应用[J].装甲兵技术学院学报,2002(3):26-27.
② 彭耿,张利民.虚拟现实技术在心理素质教育中的运用[J].海军院校教育,2005(7):66-67.
③ 季震.基于虚拟现实技术的战时心理训练研究[D].合肥:陆军军官学院,2017.
④ 冯春梅,袁兴金,沈涛荣.心理战场的"特种尖兵"[N].人民日报,2013-07-05(16).
⑤ 赵薇,李晓峰.解放军构建完成首个军人心理素质模型[EB/OL].[2016-10-10].http://news.xinhuanet.com/mil/2010/30/c_12832330.htm.
⑥ 刘智慧,张梅.心理训练实验室建设与发展探讨[J].军队院校实验室工作研究,2010(10):10.

（一）研究的可取之处

在编者收集的文献中，学者们都比较深入地研究了"军人心理训练"的理论方面，成果丰硕。关于部队开展军事（心理）训练中采用虚拟现实技术手段方面，院校、科研机构及各军兵种也都进行了积极的探索，在理论和实践中都取得了很大的进展。随着计算机软件、硬件的发展，各种传感器的诞生，头盔显示器的运用，部队的训练完全可以在一个虚拟的环境中进行。这种虚拟的环境可以最大限度地发挥设计者的想象空间，尽最大可能地接近现代战争的真实场面。特别是在模拟战场氛围、战斗场景方面，虚拟现实技术更是独具特色，具有形象逼真、消耗小、安全系数高等优势，而且可以达到其他模拟手段不能实现的效果。这使得虚拟现实技术未来将成为进行战时心理训练的一个主要手段。

（二）研究的不足之处

当然，目前的研究也存在一些不足，主要是缺乏心理评估体系、生理指标测试方法、实用的心理虚拟训练系统。基于虚拟现实技术的战时心理训练这一领域的研究尚处于起步阶段，还存在许多不足之处，有必要再进行深入研究。目前心理虚拟训练系统在模拟手段上比较匮乏，尤其是在战时心理训练中心理放松、心理暗示和心理应激未得到很好的应用。基于此，战时心理训练课目设置、虚拟现实系统设计与实现、心理训练效果评估、系统应用等方面是本研究的重点和着力点。

第三章 战时心理虚拟训练系统的设计

从总体上讲，模拟训练系统构建包括系统设计和系统实现两个阶段。战时心理虚拟训练系统构建的技术，也主要体现在系统设计的角度。本章主要对基于Unity3D的战时心理训练系统进行设计。首先，充分与用户进行沟通，从系统功能、系统结构、系统性能三个方面展开需求分析。然后，根据用户需求进行战时心理虚拟训练系统的总体设计，包括系统体系结构、系统硬件组成、软件框架结构。最后，在总体设计的基础上，进一步设计了战时心理虚拟训练系统的功能模块，从训练信息管理、个体战时心理虚拟训练、集体战时心理虚拟训练三个子系统分别进行详细设计。

第一节 基于Unity3D的战时心理训练系统需求分析

需求分析是系统研制与开发的重要依据，既是系统建设的起点，又决定着系统建设的方向。[1]它是围绕"用户需要什么样的系统，这个系统满足用户哪些要求"这个问题展开的，在进行系统的需求分析时，应当把握"满足实际训练需要"这一基本原则。要从实战标准和训练要求出发，紧密联系训练课目和内容的实际，具体分析系统的功能需求、结构需求、性能需求等方面。

一、系统功能需求

功能需求分析描述了待开发的战时心理虚拟训练系统可能要完成的训练任务，定义了工程师必须实现的软件功能，使得用户能通过这些特定的训练课目，完成官兵战时心理素质的培训任务，从而提高官兵心理训练水平。

---

[1] 杨艾军,王华,米良.训练仿真系统设计与实现[M].北京:解放军出版社,2015:44.

(一)角色分析与用例分析

1. 用户角色分析

战时心理虚拟训练系统,要能根据战争时期部队可能担负的作战任务需求,运用科学的心理学原理,采用虚拟现实技术,对军人个体和集体进行训练使其具有良好的战时心理素质。同时,战时心理虚拟训练系统中需要有管理员来维护系统,组训者依托系统组织训练,受训者使用系统进行训练。因此,系统涉及三类角色:管理员、组训者、受训者。

2. 用例分析

用例分析(use case)是实现从用例模型到分析模型的过程,是需求与设计之间的桥梁。战时心理虚拟训练系统的角色有管理员、组训者和受训者,他们与软件系统之间的交互过程是不同的,即要求的系统功能是不同的。

管理员需要账号管理、信息管理、用户登录、自然环境管理、人工环境管理、训练课目管理、监测设备连接、数据采集评估等功能。

组训者需要制订训练计划,控制训练过程,统计训练结果,查看统计个体、集体虚拟训练记录等功能。

受训者需要用户注册,用户登录,信息管理,个体训练,集体训练,查看个体、集体虚拟训练记录等功能。

用例图用于描述软件需求模型中的系统功能,通过一组用例可以描述该软件系统能够给用户提供的功能。系统用例图[1][2]如图3.1所示。

---

[1] 徐宝文,周毓明,卢红敏. UML 与软件建模[M]. 北京:清华大学出版社,2006:17-18.
[2] Shoemaker M L. UML实战教程[M]. 北京:清华大学出版社,2006:29-32.

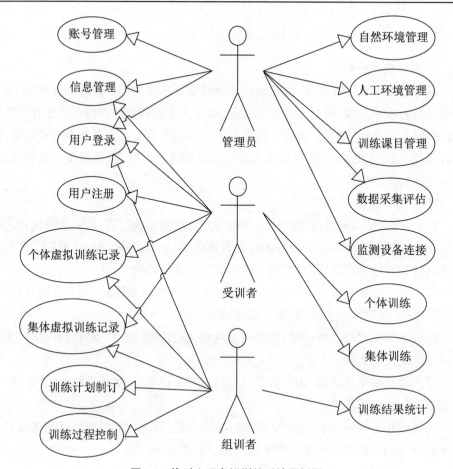

图 3.1　战时心理虚拟训练系统用例图

（二）活动分析

统一建模语言（UML, unified modeling language）是一种常用的为面向对象系统的产品进行说明、可视化和编制文档的标准语言，可以从不同角度描述人们所观察到的软件视图，因此广泛用于建立需求模型、逻辑模型、设计模型等。UML 图包括用例图、协作图、活动图、序列图、部署图、构件图、类图、状态图，是模型中信息的图形表达方式。

活动图作为 UML 中描述系统动态行为的一种建模形式，是一种表述过程机理、业务过程以及工作流的技术。它可以用来对业务过程、工作流建模，也可以对用例实现甚至是程序实现建模。活动图作为 UML 中描述系统动态行为的一种建模形式，描述一个操作执行过程中所完成的工作，展现参与行为的类的活动或动作，对理解业务处理过程很有用。

活动图的符号与状态图的符号非常相似。活动图的组成元素包括开始节点(initial node)、活动状态图(activity)、动作状态(actions)、控制点(guard)、转移(transition)、对象(objects)、对象流(object flows)、分支与合并(decision and merge nodes)、分叉与汇合(fork and join nodes)、泳道(partition)、终止节点(final node)。其中:

开始节点表示成实心黑色圆点,有且只有一个。

终止节点表示成空心黑色圆点,可有一个或多个。

动作状态用平滑的圆角矩形表示,指不可中断的动作,并在此动作完成后通过完成转移转向另一个状态。

转移是动作之间的转换,用带箭头的直线表示,箭头的方向指向转入的方向。

泳道将活动图中的活动划分为若干组,并把每一组指定给负责这组活动的对象。泳道使用垂直实线绘出,垂直线分隔的区域就是泳道。在活动图中,泳道区分了负责活动的对象,明确地表示了哪些活动是由哪些对象进行的。在包含泳道的活动图中,每个活动只能明确地属于一个泳道。多个泳道之间是没有顺序的,因此不同泳道中的活动既可以顺序进行,也可以并发进行,动作流和对象流允许穿越分隔线。

下面进行系统的活动图分析。

管理员登录系统后,在训练信息管理中进行训练资源管理,首先编辑保存自然环境,然后编辑保存人工环境,最后进行训练课目管理。管理员训练资源管理活动图如图3.2所示。

组训者登录系统后,在开始训练之前,首先制订个体、集体的虚拟训练计划,在进行训练时,控制个体、集体的虚拟训练过程,训练结束后,统计个体、集体的虚拟训练记录。组训者组织训练活动图如图3.3所示。

受训者首先登录系统,系统验证信息通过后,受训者根据训练计划,选择训练种类、训练课目,然后开始训练,系统采集受训者的生理信息,评估训练效果,受训者训练完毕后,退出系统。受训者虚拟训练活动图如图3.4所示。

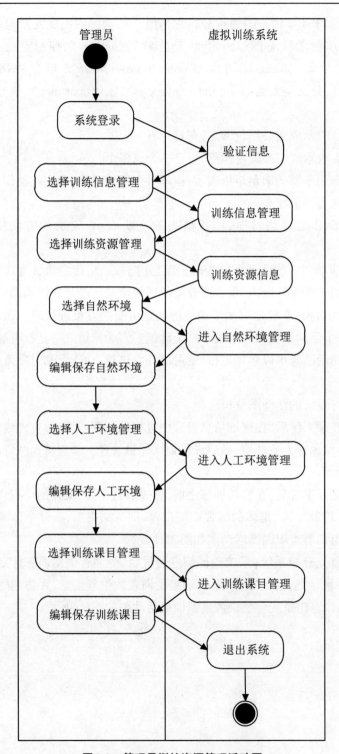

图3.2 管理员训练资源管理活动图

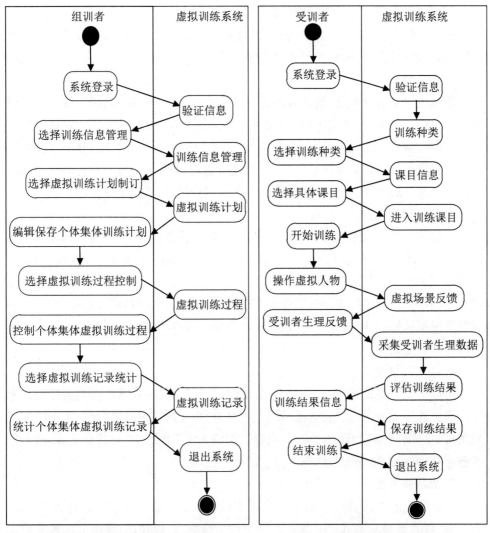

图3.3 组训者组织训练活动图　　图3.4 受训者虚拟训练活动图

（三）系统功能

系统功能是指系统为实现预定目标和满足特定使用需求所表现出的特有作用和能力。[①]基于上述角色分析、用例分析和活动分析，战时心理虚拟训练系统应该具有的功能如下：

1. 用户注册与登录

提供用户注册功能，包括提供录入信息的界面，检查注册信息的有效性，并将

---

① 杨艾军,王华,米良.训练仿真系统设计与实现[M].北京:解放军出版社,2015:56.

注册用户信息保存在对应数据库的数据表中。①

进入系统前,首先需要用户登录,验证用户名和密码是否正确,登录成功后才可以进行后续操作,管理员和组训者有默认的账号和密码。

2. 用户管理

用户可以分为管理员、组训者和受训者三类,分别有不同的权限。管理员可以进行用户信息管理,如增加用户、删除用户、修改用户信息,进行训练系统的维护管理,如数字地图导入、战场环境编辑、系统参数设置、训练课目管理、外部设备连接等。组训者可以进行训练计划制订、训练过程控制、训练成绩统计与查看。受训者可以进行训练成绩查看、用户信息修改等操作,但不允许修改用户名。

3. 训练课目选择

根据第二章第二节中提出的战时心理虚拟训练课目,可以分为个体训练和集体训练两大类。个体战时心理虚拟训练系统应该包括心理准备虚拟训练、心理适应力虚拟训练、心理承受力虚拟训练、心理耐力虚拟训练、心理活力虚拟训练;集体战时心理虚拟训练系统应该包括环境适应性虚拟训练、行动协同性虚拟训练、情感凝聚性虚拟训练、人际沟通性虚拟训练,指挥员心理虚拟训练可以依托上述四个集体训练课目完成。

4. 战场环境生成

可以根据二维地图信息,生成丘陵、山地、平原、戈壁、城镇五种类型环境。根据配置文件生成桥梁、道路、河流、湖泊、树林、村庄等静态对象,以及显示不同的气象条件,主要有云、雾、雨、雪、风、闪电等。生成人工设施,主要有武器装备、战场工事和障碍、战场人物等动态对象。

5. 战场特效显示

火炮发射炮弹,炮弹飞行按抛物线数据模拟发射。瞄准镜头特效包括望远镜、夜视镜、红外等显示方式。战场声音特效包括枪炮声、爆炸声、噪声等。烟雾粒子特效包括炮弹发射、烟雾以及落地爆炸。毁伤弹坑特效包括炮弹爆炸后显示弹坑。

6. 心理训练功能

受训者通过手势、身体姿势等可以控制场景中虚拟人物的动作,如走、跑、射击、卧倒、敬礼等。还可以控制虚拟人物变更装备,如望远镜、狙击步枪,通过进入坦克、火炮等武器,虚拟人物可以获得控制权,变更装备后受训者接收相应变化的视觉场景。受训者还可以通过转动眼睛让系统能够给出相应变化的景象。虚拟人物之间还可以进行语言交流。当虚拟人物中弹或受到坦克等物体的撞击时,系统通过数据衣、数据手套等设备给受训者施加力反馈,通过耳机给受训者弹药爆炸等听觉反馈,通过头盔等设备给受训者虚拟人物血肉模糊等视觉反馈。

---

① 吴建,郑潮,汪杰. UML基础与Rose建模案例[M]. 北京:人民邮电出版社,2007:187.

7. 心理特征信息采集

系统能通过监测设备采集反映心理特征的生理指标,如心率变异性、心率、呼吸频率、肌肉电、脑电、皮肤电导率等。采集后的数据能够保存在对应数据库的数据表中。

8. 训练计划制订

组训者根据不同的训练个体和训练集体制订相应的训练计划,受训者根据训练计划进行训练。

9. 训练过程控制

在受训者利用系统进行训练时,组训者可以查看每个受训者的训练情况,更好地控制训练过程。

10. 训练效果评估

系统根据数据表中的生理数据和训练课目得分,经过评估模型计算,给出训练成绩。

11. 训练记录统计

受训者可以查看自己的训练记录,组训者可以基于训练记录进行统计分析,为下一步制订训练计划提供依据。

通过上述分析,战时心理虚拟训练系统功能模块需求如图3.5所示。

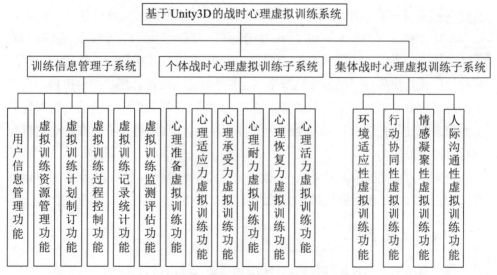

图3.5 战时心理虚拟训练系统功能模块需求

二、系统结构需求

一般来说,基于Unity3D的战时心理训练系统结构主要由操作系统、数据库管理系统、应用软件、硬件系统等部分组成。

(一)操作系统

操作系统可以使用Windows操作系统或者Linux操作系统。考虑到实际情况,推荐使用Windows XP以上版本,系统的适用范围更广。

(二)数据库管理系统

数据库管理系统方面,由于需要连续采集人体生理体征信号,会产生大量实时数据,对数据库系统提出了较高的要求,可以使用SQL Server、Access、Foxpro等数据库系统,推荐使用SQL Server数据库系统。

(三)应用软件

应用软件中最重要的就是Unity3D平台。推荐使用Unity5.0以上版本。它的实时照明系统和着色器质量更高、效果更好,利用其音频系统可以创造出动态音效,而且支持64位操作系统。本书编写时,Unity3D的最新版本是Unity3D 2019.2,它可在用户的开发周期中进行快速编辑和迭代,其中的Play模式可让用户实时快速预览作品,并且Unity的新型高度模块化运行时可让用户构建出轻巧又高速的即时游戏。它的一体化编辑器涵盖了一系列用于设计沉浸式体验且游戏世界美术家易于使用的工具以及功能强大的开发者工具套件,可用于实现游戏逻辑和高性能游戏效果。

开发语言使用Visual C#[①],它是微软公司发布的高级编程语言,支持Windows窗体应用程序的开发,拥有良好的灵活性和可扩展性。

(四)硬件系统

硬件系统除了高性能计算机之外,还包括输入输出设备。

输入设备中的头盔,推荐使用Oculus Rift产品。Oculus Rift是一款为电子游戏设计的头戴式显示器,也是一款虚拟现实设备。Oculus Rift可以通过DVI、HDMI、micro USB接口连接电脑或游戏机,能够使使用者身体感官中"视觉"的部

---

① 刘基林. Visual C# 2008宝典[M]. 北京:电子工业出版社,2008:37-147.

分如同进入游戏中,小于1毫秒的转换像素时间,每秒1000次的刷新频率,很好地解决了眩晕问题,而且允许用户随意移动,这可以让受训者做战术动作。该设备已有Unity3D引擎提供官方开发支持。

数据手套和数据衣推荐使用腾挪Perception Legacy惯性动作捕捉系统。它是一个不需要穿戴衣服、不需要标记点、不需要校准和数据清洗技工的运动捕捉系统。它适用于各种室内外场合,能够捕捉受训者的各种战术动作,支持多人同步捕捉,而且支持Unity3D平台。缺点是不支持力反馈功能,目前有一款来自加拿大的产品叫ARAIG,安装了32个震动传感器,处于研发阶段,还不成熟,如果将来研发成功,可以采用此力反馈数据设备。

音频设备主要需要声音的距离和方向两个参数,比如受训者听到枪声时,能大概判断出声音发出的位置,即要有声音的距离和方向,满足这个功能的产品有很多,如三星Entrim 4D耳机。输入声音则使用普通的麦克风设备就可以实现。

监测设备主要用来采集受训者心率、脑电、皮肤电导率等生理指标,推荐使用思知瑞科技有限公司的BMD101心电传感器、蓝牙脑电波头带、GSR皮肤电传感器套件,完全能够采集上述人体生理信号,而且支持二次开发。

通过上述分析,将系统结构需求归纳如图3.6所示。

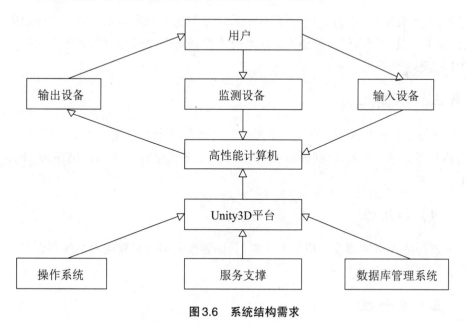

图3.6 系统结构需求

三、系统性能需求

优秀的战时心理虚拟训练系统要求在逼真性、实时性、可靠性、易用性、安全性、可扩展性、可维护性上都有良好的性能。

（一）逼真性

良好的逼真性是战时心理虚拟训练系统最重要的需求，只有让受训者完全沉浸在系统所创造的如身临其境的立体战争环境中，心理状态发生的波动才是真实的，采集分析的生理数据才是有效的，才能提高训练质量。对于系统的显示技术要求来说就是要有较高的分辨率和较宽的视场，本系统要求分辨率大于1920×1820，视场大于100度。

（二）实时性

对于人体视觉通道来说，如果整个系统的延迟超过100毫秒，受训者的体验感就会急剧下降，长延迟会导致受训者产生头晕眼花等不适症状。而实现图像平滑的显示，至少要求24～30帧/秒，虚拟显示系统每33毫秒就要重新计算一次虚拟世界，这也要求具有较高的计算能力。本系统要求刷新率为90帧/秒，整体系统延迟小于25毫秒。

（三）可靠性

系统发生任何故障不会导致数据库数据的丢失，系统应该留有备份，可以在24小时内恢复正常，在无其他问题的前提下，系统正常运行的时间比例在99.99％以上。

（四）易用性

有友好的人机界面及人机互动功能，受训者稍做培训后就能熟练使用虚拟训练系统。

（五）安全性

受训者只能登录自己的账号，不能查看或者修改其他人员的信息，只有系统管理员才有权限查看或者更改。

（六）可扩展性

根据实际训练新增课目的需求，可以扩展虚拟训练系统的课目，以及可以增加新的外部设备。

（七）可维护性

未来根据用户反馈的信息，系统应该能够进行快速的更新与维护。

通过上述分析，将系统性能需求归纳如图3.7所示。

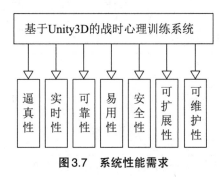

图3.7　系统性能需求

第二节　基于Unity3D的战时心理训练系统总体设计

系统总体设计是指设计者用规范化语言形式，对一个目标系统的总体性能和描述内容做出结构化的规定。它的基本要求有通用性、灵活性、可靠性和使用的简便性。在对基于Unity3D的战时心理训练系统需求分析的基础上，本节对系统体系结构、系统硬件组成和软件框架结构进行总体设计。

一、系统体系结构

总体上说，体系结构是一个系统的基本框架，它在宏观上从不同的角度反映了一个系统的基本组成部件以及它们之间的关系。[①]体系结构建立得合理与否，将直接决定着训练系统在可重用、互操作性、扩展性以及可移植等方面的性能，它是建立系统的基石与框架。通过基于Unity3D的战时心理训练系统结构需求分析的整理和归纳，系统体系结构设计如图3.8所示。

---

① 杨艾军，王华，米良. 训练仿真系统设计与实现[M]. 北京：解放军出版社，2015：84.

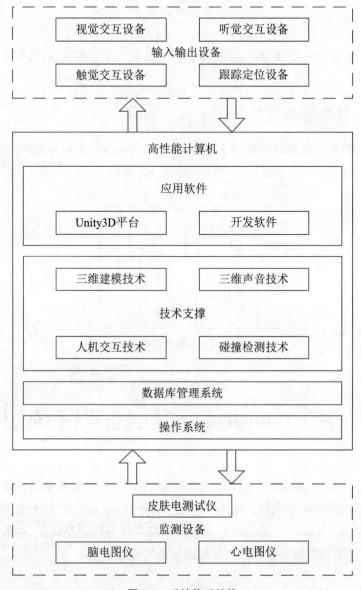

图3.8 系统体系结构

基于Unity3D的战时心理训练系统主要分为硬件和软件两部分。其中,硬件由高性能计算机、监测设备和输入输出设备组成。软件由数据库管理系统、操作系统、应用软件组成。

毫无疑问,高性能计算机是系统运行的核心,要有很强大的计算能力和存储能力,才能保证虚拟训练系统的良好运行。操作系统和数据库管理系统提供系统的基础服务,各类软件安装在操作系统中,依托操作系统运行,其中Unity3D平台集成了环境构设、实时渲染、碰撞检测等多种虚拟技术,使系统的开发和运行更加方便。开发软件的一个重要方面就是提供连接各类外部设备的接口,驱动外部设备的运行,输入输出各类人机交互数据。

输入输出设备是系统的外接设备,是受训者与训练系统交互的载体,通过视觉、听觉、触觉以及空间位置进行交互,才能进行各类虚拟训练课目的训练。

监测设备由心电图仪、脑电图仪、皮肤电测试仪等组成。在训练的过程中,连续采集的受训者的生理数据,通过接口实时传输给虚拟训练系统,以便对受训者的训练效果进行评估分析。

二、系统硬件组成

(一)系统整体硬件组成

系统硬件是虚拟训练系统的组成载体。基于Unity3D的战时心理训练系统硬件由管理终端、训练终端、数据库服务器、路由器、防火墙等设备组成,通过局域网络平台连接,采用TCP/IP协议,数据库采用标准的SQL Server网络数据库,数据安全防护使用防火墙实现。系统整体硬件组成[①]如图3.9所示。

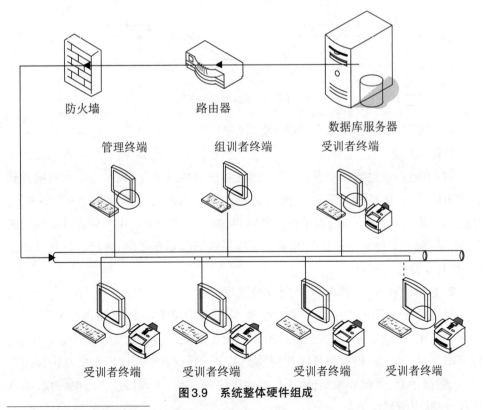

图3.9 系统整体硬件组成

[①] 郭齐胜,张伟,杨立功.分布交互仿真及其军事应用[M].北京:国防工业出版社,2003:21-25.

(二) 单个终端硬件组成

其中管理终端主要用于管理员管理用户信息、维护训练系统、维护数据库等，硬件由单台计算机组成。组训者终端用于组训者制订训练计划、控制训练过程、统计训练记录，硬件也由单台计算机组成。受训者终端用于受训者进行虚拟训练。受训者终端由头盔显示器、数据手套、数据衣、耳机、麦克风等输入输出设备和心电图仪、脑电图仪、皮肤电测试仪等监测设备以及高性能计算机组成，如图3.10所示。

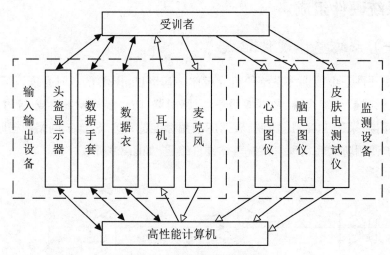

图3.10 训练终端硬件组成

1. 数据的输出：系统→受训者（刺激过程）

虚拟训练系统通过头盔显示器把视觉信息传送给受训者，让受训者感受到模拟的战场环境；通过数据手套、数据衣把触觉信息传送给受训者，使受训者感觉到各种力的反馈，比如被子弹击中、被坦克碾压；通过耳机把听觉信息传送给受训者，让受训者感受到各种声音，如子弹的呼啸声、炮弹的爆炸声。虚拟训练系统通过视觉、听觉、触觉等感觉通道让受训者沉浸在逼真的战场环境中，达到以假乱真的目的，提升了训练的效果。

2. 数据的输入：受训者→系统（反馈过程）

经过系统的刺激之后，受训者的心理、生理都会发生变化，如做出战术动作、下达命令指示、心跳加速等，这些信息由相应设备采集并传输到虚拟训练系统中，进行实时处理，然后将相关信息保存到数据库中。受训者的身体姿态信息由头盔显示器、数据手套、数据衣采集，语音信息由麦克风采集，生理信息由心电图仪、脑电图仪、皮肤电测试仪采集。

训练结束后,系统根据受训者的生理数据和行为数据,按照评估模型给出训练成绩。设备的实物图如图3.11～图3.15所示。

图3.11 头盔显示器

图3.12 思知瑞科技有限公司的
BMD101心率手环

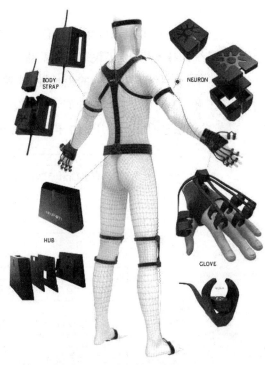

图3.14 数据手套和数据衣

图3.13 思知瑞科技有限公司的
蓝牙脑电波头带

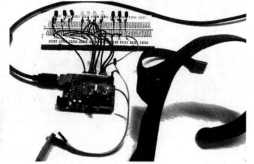

图3.15 思知瑞科技有限公司的
GSR皮肤电传感器套件

三、软件框架结构

为了实现虚拟训练系统的有效集成,需对系统的技术框架进行规范。通过规范系统的技术框架,不仅可以提高虚拟系统的集成能力,而且可以充分利用现有技术成果,使系统具有很强的生长性,能够不断容纳新的系统,进行新老系统的更替。基于此,基于Unity3D的战时心理训练系统软件框架结构主要包括系统层、平台层、功能层、应用层,自下而上构成具有相互支撑关系的层次结构,如图3.16所示。

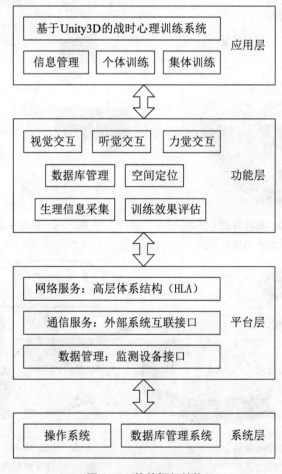

图3.16　软件框架结构

系统采用C/S架构(Client/Server),即客户端/服务器模式,充分发挥客户端PC的处理能力,服务器负担小,不需要配置昂贵的专用服务器。该软件系统中的配置信息采用数据库的形式进行存储,充分利用两端硬件环境的优势,将任务合理分配到Client端和Server端来实现,降低了系统的通信开销,也便于对服务器中的数据进行维护,安全性和维护性较高。

系统层由操作系统和数据库管理系统组成,为训练系统提供基础服务。操作系统使用Windows7,数据库系统使用SQL Server。平台层由网络服务、通信服务、数据管理组成,其中,网络服务采用HLA高层体系结构,将单个训练终端连接起来,通信服务主要是驱动输入输出设备,完成人机互动,数据管理把监测设备采集的数据传输到数据库中。平台层使用Microsoft Visual Studio(简称VS)。VS是美国微软公司的开发工具包系列产品,它是一个基本完整的开发工具集,包括了整个软件生命周期中所需要的大部分工具,如UML工具、代码管控工具、集成开发环境(IDE)等。C/S架构采用Winform+Webservice技术开发。Winform用来搭建前端框架,将资源整合到Winform系统中,负责和后台服务器进行通信。服务器端采用Webservice方式,对传输数据进行加密处理,确保了信息的安全。功能层由视觉交互功能、听觉交互功能、力觉交互功能、空间定位功能、生理信息采集功能、训练效果评估功能组成。应用层由Unity3D平台实现,包括信息管理、个体训练、集体训练三个子系统。Unity3D平台调用功能层的各项功能,并向用户提供交互界面。

第三节　基于Unity3D的战时心理训练系统功能模块设计

系统需求分析提出了需求目标,系统实现时需要将这些目标进行细化分解,将系统划分成若干个功能模块,每个功能模块完成一定的小目标,以便于程序的开发实现,这些功能模块组合起来最终实现系统的总体目标。

一、系统功能模块的组成

根据战时心理虚拟训练系统需要实现的管理、训练等功能,把战时心理虚拟训练系统划分为三个子系统,分别是训练信息管理子系统、个体战时心理虚拟训练子系统和集体战时心理虚拟训练子系统,每个子系统分别包含相应的功能模块,如图3.17所示。

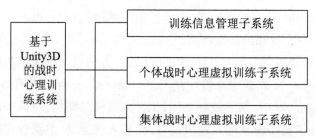

图3.17 系统功能模块

基于Unity3D的战时心理训练系统由三个子系统组成,它们相对独立又相互依托,构成了战时心理虚拟训练系统的整体功能,从而实现系统需求。

系统首先显示登录界面,提供用户注册与登录功能。

(1) 用户注册

提供新用户注册功能,包括提供录入信息的界面,检查注册信息的有效性,并将注册用户信息保存在对应数据库的数据表中。

(2) 用户登录

提供用户登录功能,包括提供登录的界面,判断用户名和密码是否正确,根据判断结果决定是否允许进入系统。

二、训练信息管理子系统构成

训练信息管理子系统主要完成用户信息管理、虚拟训练资源管理、虚拟训练计划制订、虚拟训练过程控制、虚拟训练记录统计、虚拟训练监测评估等功能,子系统组成如图3.18所示。这六个功能模块为其他两个子系统提供基础服务,确保整个系统的正常运行。

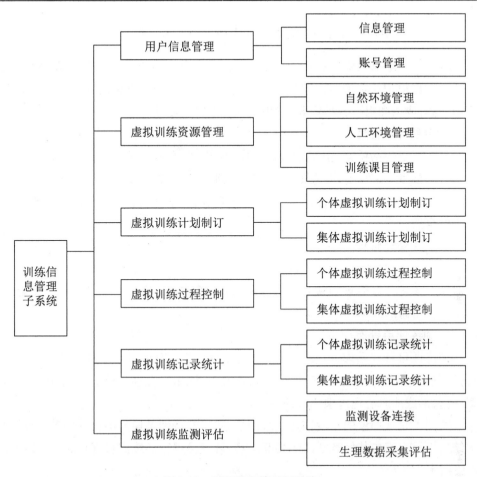

图3.18　训练信息管理子系统

（一）用户信息管理模块

用户分为管理员、组训者和受训者三大类，受训者又区分为指挥员和战斗员两类。用户信息管理模块实现对上述用户的信息和账号的管理。

1. 信息管理

管理员和受训者都可以使用信息管理功能。用户信息包括编号、账号、密码、用户类别、姓名、出生日期、性别、专业、单位等内容，用户使用该模块可实现对用户信息的录入、修改、保存。

2. 账号管理

账号管理只有管理员可以使用。管理员可以使用该模块实现对用户账号的添加、删除、查看等。

（二）虚拟训练资源管理模块

战时心理虚拟训练针对不同的训练课目需要有不同的自然环境、作战对象、战斗任务。虚拟训练资源管理模块能够对自然环境、人工环境和训练课目进行分类管理，随时调用和组合各种资源，以满足训练课目的需要。

1. 自然环境管理

自然环境包括桥梁、道路、河流、村庄、树林、湖泊等地理环境，以及云、雨、雪、风、闪电、温度、湿度、雾等气象环境，其中地形环境能够自动导入全军通用的数字地图，自然环境模块可以对这些环境模型进行编辑、增加、删除等操作，组合成贴近真实的自然环境。

2. 人工环境管理

人工环境包括障碍、工事等静态军事设施，以及战斗人员、战斗装备等动态军事对象。人工环境管理模块可以对这些对象进行编辑、增加、删除等操作，组合成训练课目所需的战场环境。

3. 训练课目管理

训练课目管理是虚拟训练课目的核心部分，按照军种、兵种、战斗任务等方面对模型进行分类管理，根据各种训练课目的需求调用组合这些模型，与上述两个模型一起，形成战时心理虚拟训练课目。

类图[1][2]是从抽象的角度描述系统的静态结构，特别是模型中存在的类、类的内部结构以及它们与其他类之间的相互关系，管理员进行训练课目管理时，类图如图3.19所示。

（三）虚拟训练计划制订模块

战时心理虚拟训练系统中，能够按照训练个体、集体，制订虚拟训练计划，计划中包括训练人员、训练时间、训练内容和训练目标，这个模块只能由组训者使用。

（四）虚拟训练过程控制模块

战时心理虚拟训练系统中，能够按照训练个体、集体，实时查看虚拟训练过程，对不按照训练计划实施的训练终端发出提示，这个模块只能由组训者使用。

---

[1] 吴建,郑潮,汪杰. UML基础与Rose建模案例[M]. 北京:人民邮电出版社,2007:182.
[2] 胡荷芬,张帆,高斐. UML系统建模基础教程[M]. 北京:清华大学出版社,2010:129.

第三章　战时心理虚拟训练系统的设计　　71

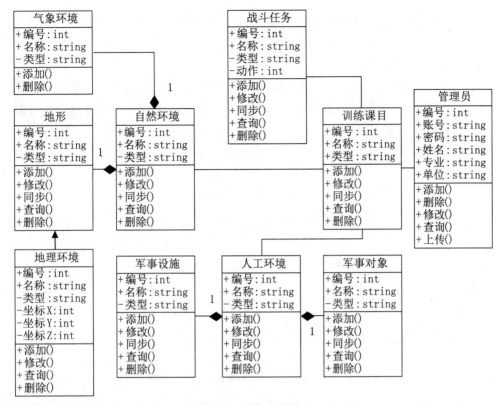

图3.19　管理员类图

（五）虚拟训练记录统计模块

战时心理虚拟训练系统中，能够区分个体、集体，对训练结果数据进行记录，方便组训者查询统计，模块有如下功能：

1. 个体虚拟训练记录统计

个体虚拟训练主要以受训者的编号来区分管理，显示受训者的训练情况。

2. 集体虚拟训练记录统计

集体虚拟训练主要以受训者的所在单位来区分管理，显示集体训练的效果。

（六）虚拟训练监测评估模块

虚拟训练监测评估模块主要分为两个部分，一个是监测设备连接，一个是生理数据采集评估。

1. 监测设备连接

在训练终端上，监测设备连接模块能够检测并驱动监测设备，并显示已经连接好的监测设备,如果设备缺少驱动程序,该模块提醒用户及时安装,管理员能够在管理终端上传各类外接设备驱动程序。

2. 生理数据采集评估

生理数据采集评估模块提供与数据库连接的端口,把监测设备采集的数据存储到数据库中,并采用评估模型进行训练效果评估,最后把评估结果发送到虚拟训练记录模块中。受训者与监测设备、数据采集等类之间的关系如图3.20所示。

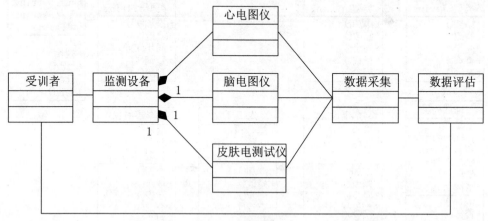

图3.20 受训者类图

为了便于训练效果评估,在对测量值进行计算时,提前进行归一化处理,使值的取值范围为0~1,而且测量值的含义统一为:值越小表示评价越低,值越大表示评价越高。

(1) 心率值的测量计算

心率值测量采用思知瑞科技有限公司的BMD101心率手环,该设备具有先进的模拟前端电路和强大的数字信号处理结构,可以采集从微伏(μV)到毫伏(mV)的生物信号,经过Neruosky算法处理,实时报告心率($\pm$1 bpm)。

每秒测量的心率记为HR_i,在训练之前,测量受训人员2分钟平静时心率的均值,记为HR_0。心率值V_{HR}的计算模型为

$$V_{HR}=1-\sum_{i=1}^{n}HR_i \&\& (HR_i>HR_0) \bigg/ \sum_{i=1}^{n}HR_i$$

其中,n表示训练时间,单位为秒。

公式中$\sum_{i=1}^{n}HR_i \&\& (HR_i>HR_0)$计算心率高于平静时的心率之和;$\sum_{i=1}^{n}HR_i \&\& (HR_i>HR_0) \bigg/ \sum_{i=1}^{n}HR_i$计算心率高于平静时的心率之和相对于总心率的比值,通过"1-"换算,计算结果范围为0~1,值越大表示越不紧张,值越小表示

越紧张。

（2）脑电值的测量方法

脑电值测量采用思知瑞科技有限公司的蓝牙脑电波头带。输出数据为δ波（0.5～2.75 Hz）、θ波（3.5～6.75 Hz）、α_L波（7.5～9.25 Hz）、α_H波（10～11.75 Hz）、β_L波（13～16.75 Hz）、β_H波（18～29.75 Hz）、γ_L波（31～39.75 Hz）、γ_H波（41～49.75 Hz）8个波段每秒的值。放松度REL，范围为0～100。

在每个频带上对信号进行能量计算[①]，并与总能量相比，可得到$FBER$值，其中δ波的$FBER$值记为$FBER_D$，θ波的$FBER$值记为$FBER_T$，α波的$FBER$值记为$FBER_A$，β波的$FBER$值记为$FBER_B$，值的范围为0～1。脑电信号的判断依据如表3.1所示。

表3.1 脑电信号的$FBER$判断依据

精神疲劳判断依据			人体精神疲劳评估
$0.9 < FBER_D \leqslant 1$			非精神疲劳
$0.7 < FBER_D \leqslant 0.9$			轻微精神疲劳
$0.5 < FBER_D \leqslant 0.7$	$FBER_D > FBER_A$ $FBER_D > FBER_B$	$FBER_A > FBER_B$	轻微精神疲劳
		$FBER_A < FBER_B$	中等精神疲劳
	$FBER_A > FBER_T$ 且 $FBER_A > FBER_B$		
	$FBER_B > FBER_T$ 且 $FBER_B > FBER_A$		严重精神疲劳
$0 \leqslant FBER_D \leqslant 0.5$			

依据上述理论，将脑电值计算简化为δ波占的比值，脑电值V_{EEG}的计算模型为

$$V_{EEG} = \sum_{i=1}^{n} \delta_i \bigg/ \sum_{i=1}^{n} (\delta_i + \theta_i + \alpha_{Li} + \alpha_{Hi} + \beta_{Li} + \beta_{Hi})$$

其中，n表示训练时间，单位为秒。

公式中$\sum_{i=1}^{n} \delta$计算δ波的总和，$\sum_{i=1}^{n} (\delta + \theta + \alpha_L + \alpha_H + \beta_L + \beta_H)$计算δ,θ,α,β波的总和，计算结果范围为0～1，值越大表示越没有精神疲劳，值越小表示越有精神疲劳。

（3）皮肤电导率值的测量方法

皮肤电导率值测量采用思知瑞科技有限公司的GSR皮肤电传感器套件。心

[①] 杨艾军,王华,米良.训练仿真系统设计与实现[M].北京:解放军出版社,2015:59.

理学认为,强烈的情绪会刺激人的交感神经系统,从而导致汗腺分泌更多的汗液。测量人体某部位汗液的分泌情况,可以反映出人的情绪变化。GSR(皮肤电反应)是一种皮肤电导的测量方法,通过一只手上连接两个电极,测量皮肤电导来监测情绪变化。输出数据为每秒钟皮肤电的值GSR_i。在训练之前,测量2分钟受训人员平静时皮肤电的均值,记为GSR_0。

皮肤电反应持续时间与总的训练时间相比,得到皮肤电反应比值,范围为0~1,值越大表示越紧张,值越小表示越不紧张。

皮肤电导率值V_{GSR}的计算模型为

$$V_{GSR}=1-\sum_{i=1}^{n}1\&\&(GSR_i>GSR_0)/n$$

其中,n表示训练时间,单位为秒。

公式中$\sum_{i=1}^{n}1\&\&(GSR_i>GSR_0)$计算的是皮肤电反应的时间,$\sum_{i=1}^{n}1\&\&(GSR_i>GSR_0)/n$计算的是皮肤电反应的时间占总时间的比例,通过"1−"换算,计算结果范围为0~1,值越小表示越紧张,值越大表示越不紧张。

三、个体战时心理虚拟训练子系统构成

个体战时心理虚拟训练子系统的功能是实现单个军人战时心理训练课目,分为6个模块,分别是心理准备虚拟训练、心理适应力虚拟训练、心理承受力虚拟训练、心理耐力虚拟训练、心理恢复力虚拟训练、心理活力虚拟训练,如图3.21所示。

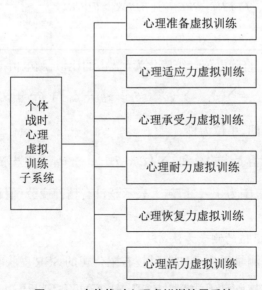

图3.21 个体战时心理虚拟训练子系统

（一）心理准备虚拟训练

心理准备虚拟训练分为四个任务，以视频播放的形式向受训者展示，具体内容如表3.2所示。

表3.2 心理准备虚拟训练

任务名称	内容	训练目的
1. 作战理论学习	介绍常见的作战形态、样式和手段	通过视频展示，使受训者尽快了解作战理论、心理知识、作战对象和敌我情况
2. 心理知识学习	介绍心理学常识以及战时心理训练的基础理论	
3. 了解作战对象	介绍作战对象的作战特点、作战样式、武器装备等基本情况	
4. 对比敌我情况	介绍敌我双方的人力、物力、武器装备等情况，清楚我方作战中的有利条件和不利因素	

备注：心理准备虚拟训练不纳入虚拟训练效果评估中，故不给出评分标准

（二）心理适应力虚拟训练

心理适应力虚拟训练分为三个任务，以人机互动和视频播放组合的形式进行，具体内容如表3.3所示。

表3.3 心理适应力虚拟训练

任务名称	内容	评分标准	训练目的
1. 适应战场环境	受训者可以操控虚拟人物在作战区域漫游，适应作战区域的地理环境、自然环境、实体环境及其变化	漫游所有作战区域，0.2分	通过人机互动和观看视频，使受训者尽快适应战场环境、作战对象和作战特点
2. 适应作战对象	介绍作战对象的作战样式、武器装备及其变化	视频播放结束后有4道选择题，每题0.1分	
3. 适应作战特点	介绍具有进程快、样式多变、激烈程度高、指挥复杂等特点的现代战争	视频播放结束后有4道选择题，每题0.1分	

（三）心理承受力虚拟训练

心理承受力虚拟训练可以设定多个模块，以人机互动的形式进行训练。以抢救坦克模块为例，具体内容如表3.4所示。

表3.4 心理承受力虚拟训练

模块	任务	初始态势	训练过程	胜利条件	评分标准	训练目的
抢救坦克	1.消灭敌军坦克	我军：受训者为1名士兵(无武器)。敌军：若干坦克	受训者在我军防御阵地中迅速找到反坦克炮、火箭筒和反坦克手雷等武器，敌军坦克以10~15 km/h的速度向我阵地冲击，有一定概率躲避反坦克武器，并向我阵地进行炮火攻击。受训者利用掩体躲避敌坦克炮火攻击，并用反坦克武器消灭敌坦克。提示：打敌军坦克最有效的方法就是接近敌坦克，用反坦克手雷破坏敌军坦克的发动机	消灭3辆敌军坦克	每消灭一辆敌军坦克得0.1分，共0.3分	承受战场上残垣断壁、敌军压境、战友牺牲、血流成河等各种恐怖景象的刺激，保持战斗力，做出正确的战术动作，完成作战任务，训练受训者的心理承受力
	2.修理我军坦克	我军：受训者为1名士兵，1辆待修理坦克(生命值为20)，工程兵支援。敌军：若干步兵	受训者呼叫工程兵支援，然后利用工程兵修复坦克，修复需要5分钟时间。此时阵地东南、东北方向有若干敌步兵对我进行袭扰，受训者需要保护好工程兵，直到坦克修理好，修理完毕后坦克生命值为100	保护工程兵不被击杀，时间5分钟	每坚持10秒得0.01分，5分钟共0.3分	
	3.护送坦克返回营地	我军：受训者为1名士兵，上述修理的坦克，若干步兵。敌军：若干步兵、坦克	坦克修复完毕后，受训者开始护送坦克返回营地。在返回营地的路上，有若干埋伏的敌军，敌军会优先攻击坦克，我军坦克火炮还没修复，无法还击只能移动。敌军的坦克会追踪，企图阻止我军获得坦克，之前得到的反坦克武器全部分配给我军步兵，对敌坦克进行还击。到营地附近的时候，我军士兵已经伤亡惨重，这时候要做出果断的决定，把营地里所有人派出来进行阻击，哪怕牺牲，也要阻止敌军摧毁我军坦克，坦克全速前进返回营地。提示：要把坦克和步兵单位分开，坦克先往前，诱使敌军开火，然后让坦克退后，敌军追击时，我军用反坦克武器从两旁夹击	保护我军坦克不被摧毁，护送坦克返回营地	坦克生命值为0视为被摧毁，坦克存活并返回营地得0.4分，坦克被摧毁得0分	

（四）心理耐力虚拟训练

心理耐力虚拟训练可以设定多个模块，以人机互动的形式进行训练。以极寒之冬模块为例，具体内容如表3.5所示。

表3.5 心理耐力虚拟训练

模块	任务	初始态势	训练过程	胜利条件	评分标准	训练目的
极寒之冬	1.寻找热源	我军：受训者为1名无御寒衣物的士兵。天气：暴风雪	受训者开始率领队员沿雪地行进，在暴风雪中行走会造成体温持续下降，如果不尽快找到建筑物或篝火的话会被冻死。沿着道路走速度较快，而积雪深厚的地方会拖慢速度。有的时候会有掩体和山沟，那里可以使体温缓缓恢复，但不会解除寒冷状态。提示：在行进中要经常找篝火或房屋暖身，否则有冻僵的危险	找到第一堆篝火	完成得0.3分，未完成得0分	能够长时间忍受战场上寒冷、暴风雪等艰苦恶劣的自然环境，能够忍受多波次的敌军进攻，保持战斗力，在精力耗费巨大的过程中，完成作战任务，训练受训者的心理耐力
	2.部队会合	我军：受训者为1名士兵（无御寒衣物、无武器），若干步兵，侦察兵支援。敌军：若干步兵	受训者离开篝火继续往西方行进，观察体温计，处于寒冷状态时需要小心，跑到掩体中缓和一下。找到第二堆篝火，在这里会遭遇三波敌军的攻击。提示：需要迅速往北边跑，拾取那里的轻机枪武装起来，然后找掩体清理敌兵。正打得不可开交时，我军的侦察兵（狙击手）赶来，联手剿灭敌人。这些侦察兵身穿防寒服，无视极寒天气的影响	与侦察兵汇合并消灭敌军	完成得0.3分，未完成得0分	

续表

模块	任务	初始态势	训练过程	胜利条件	评分标准	训练目的
	3.夺回营地	我军：受训者为1名士兵，若干步兵，弃置卡车。敌军：地堡内若干步兵	受训者被调遣到营地附近，会看到一部被弃置的卡车，利用卡车做掩体，与地堡内的敌人战斗。提示：敌军不会一直在地堡中射击，当我军离开地堡攻击范围后，他们会追击出来，所以可以把敌人引出来打	占领营地，如果营地附近没有敌军的士兵，营地就会被我军逐渐占领	完成得0.4分，未完成得0分	
备注	温度机制：当受训者的部队处在寒风之中时，会显示代表体温的温度计，满格为37 ℃，降低后移动与反应速度均变慢。在火堆旁边会逐渐恢复。部队在寒风中体温会一直下降，但是只有暴露在寒风中的单位会冻死，如果单位在掩体附近，即使温度计数值显示为0也不会死亡					

（五）心理恢复力虚拟训练

心理恢复力虚拟训练[①]在上述训练之后进行，可以设定多个模块，如迷人海滩、茫茫草原、巍峨群山，选择其中一个模块，以视频播放的形式进行训练，具体内容如表3.6所示。

表3.6 心理恢复力虚拟训练

模块	内容	评分标准	训练目的
1.迷人海滩	湛蓝的大海，绵绵的细沙，微风拂起的海浪，感受唯美海滩	观看完得1分	在心理活动因外界刺激产生疲劳、障碍或损伤后，一旦消除或减弱刺激，经过自我调节，平复心理创伤，心理弹性迅速恢复至正常水平
2.茫茫草原	一望无际的草原，蓝天白云，绿草如茵，躺在草坪上，感受草原风情		
3.巍峨群山	山峰拔地而起，山上绿树成荫，山中云雾缭绕，感受雄伟群山		

---

① 邓光辉,潘霄,等.军人体验式心理行为训练指导教程[M].上海:第二军医大学出版社,2014:141-145.

（六）心理活力虚拟训练

心理活力虚拟训练可以设定多个模块，以人机互动的形式进行训练。以深入敌后模块为例，具体内容如表3.7所示。

表3.7 心理活力虚拟训练

模块	任务	初始态势	训练过程	胜利条件	评分标准	训练目的
深入敌后	1.击杀敌军军官	我军：受训者为1名狙击士兵，若干步兵。敌军：A、B、C三个区域分别有三名军官，周围有若干步兵，B区哨塔中有狙击手，C区有狙击手、迫击炮小组	提示：A区域，用我军步兵吸引敌军至河道，在河道边的掩体就可以狙杀敌军军官。B区域，先将外围的步兵消灭，接近B营地的时候，第一时间将哨塔中的狙击手击杀，然后再利用河边的地形与敌军交战，最后再击杀军官。C区域，先击杀哨塔中的狙击手，敌军发现我军后，迫击炮对我进行炮火覆盖，我军伤亡惨重，组织残余部队迂回攻击，消灭敌迫击炮小组，进入C区指挥所击杀敌军官	10分钟内击杀3名敌军官	每击杀一名敌军官得0.1分，共0.3分	要求受训者在限定时间内，快速完成战斗任务，训练受训者的心理潜能，把心理活力激发到最佳水平，使紧张程度恰到好处，形成积极的"战斗条件—心理状态"的条件反射，使心理活动水平在一定战斗条件下超常发挥
	2.保护审问者的安全	我军：受训者为1名狙击士兵，若干步兵。敌军：若干增援部队	受训者跟随卡车到达告密者所在营地，利用掩体击杀敌步兵，我军审问人员控制告密者后，开始审问，此时敌军又派出增援部队，准备击杀审问者。提示：控制好哨塔制高点，步兵突前吸引火力，不断狙击敌增援部队	在审问期间，保护审问者不被击杀，时间5分钟	每坚持10秒得0.01分，5分钟共0.3分	

续表

模块	任务	初始态势	训练过程	胜利条件	评分标准	训练目的
	3.解救战俘	我军：受训者为1名狙击士兵，若干步兵。A、B、C、D区域4名战俘。敌军：A、B、C、D四个区域分别有若干狙击手、步兵	审问完成之后，了解到我军4名战俘的关押位置，分别在A、B、C、D区域，受训者救出俘虏后，撤回战地医院进行治疗。提示：一定要清理完区域内的敌军狙击手，不然战俘会被敌狙击手射杀	5分钟内解救4名战俘	每解救一名战俘得0.1分，共0.4分	

四、集体战时心理虚拟训练子系统构成

集体战时心理虚拟训练子系统的功能是实现军人集体如班、排、连等作战单位的战时心理训练课目。在个体战时心理虚拟训练完成之后，进行集体战时心理虚拟训练，两者训练的内容有很多相似的地方，只是侧重点不同，集体训练更加注重整体。集体战时心理虚拟训练子系统分为四个模块，分别是环境适应性虚拟训练、行动协同性虚拟训练、情感凝聚性虚拟训练、人际沟通性虚拟训练，指挥员心理虚拟训练依托上述四个训练课目实现，如图3.22所示。

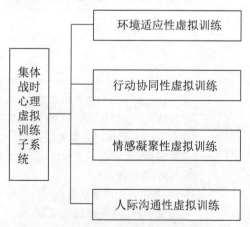

图3.22　集体战时心理虚拟训练子系统

（一）指挥员心理虚拟训练

指挥员心理虚拟训练分为三个内容，依托前述四个课目进行训练，具体内容如

表3.8所示。

表3.8 指挥员心理虚拟训练

内容名称	训练目的	评分标准
1. 运筹帷幄	面对错综复杂、变化万千的战场情况，指挥员能够迅速下定决心，明确分工，根据局势变化，果断变化策略	环境适应性、行动协同性、情感凝聚性、人际沟通性四个课目集体得分的平均分
2. 坚忍不拔	在作战的关键时刻，指挥员能坚持忍受最大的困难，经受住持久的考验，有坚忍不拔的毅力	
3. 善于自控	指挥员在情况危急、环境艰难、指挥受挫、作战失利、伤亡过大等不利情况下，从容镇定，有很强的自控力	

（二）环境适应性虚拟训练

环境适应性虚拟训练分为三个任务，以人机互动和视频播放组合的形式进行，具体内容如表3.9所示。

表3.9 环境适应性虚拟训练

任务名称	内容	评分标准	训练目的
1. 适应战场环境	指挥员组织集体在作战区域漫游，适应作战区域的地理环境、自然环境、实体环境及其变化	漫游所有作战区域得0.2分	通过人机互动和观看视频，使受训集体尽快了解战场环境，适应作战集体和作战任务
2. 自我介绍	指挥员组织集体中每个成员轮流介绍自己的姓名，用5个特征描述自己，并输入到系统中	5个特征随机抽取3个特征，由受训者回答是集体中的哪个人，答对1个人得0.1分，共随机抽取4个人得0.4分	
3. 作战任务介绍	指挥员组织集体中每个成员轮流介绍自己担负的战斗任务，用5个关键词概括，并输入到系统中	5个关键词随机抽取3个关键词，由受训者回答是集体中的哪个人，答对1个人得0.1分，共随机抽取4个人得0.4分	

（三）行动协同性虚拟训练

行动协同性虚拟训练可以设定多个模块，以人机互动的形式进行。以营救人质模块为例，具体内容如表3.10所示。

表3.10 行动协同性虚拟训练

模块	任务	初始态势	训练过程	胜利条件	评分标准	训练目的
营救人质	1.清理狙击手	我军：9名士兵，可以使用的武器有狙击枪、喷火枪、步枪、机枪、火箭筒。敌军：区分A、B、C三个区域，每个区域分布了两个狙击手和一定的机械化步兵，B与C区域还有敌军的装甲运兵车，狙击手均躲在背后的房子内	提示：我军需要指挥员区分三个小组，每小组负责一个区域，一人喷火点燃房屋，迫使狙击手离开建筑，一人负责掩护，一人用狙击枪将其击杀	击杀区域内所有狙击手	完成得0.3分，未完成得0分	指挥员能够根据当前任务、敌情，迅速下定决心，划分小组、分配任务，训练果断决策的心理素质。集体面临困难和危险时，每个成员能够紧密团结，行动密切协同、相互配合，产生强大的整体力量，促进任务完成
	2.击杀机械化步兵	我军：9名士兵，运输车。敌军：D区域（城内）若干机械化步兵（配备火箭筒），装甲车，躲在背后的房子内的狙击手	提示：由于敌军在城内的部队比较多，敌军的机械化步兵与装甲车的组合非常厉害，D区域的地形比较复杂，适合伏击，机械化步兵的强大火力也会因为建筑的阻挡减弱不少。机械化步兵惧怕机枪的扫射，要击杀机械化步兵，指挥员要指挥两名狙击手，躲在大楼内，然后由一人开运输车把机械化步兵引诱出来，两名狙击手击杀敌军机械化步兵的队友，最后至少由两名机枪手将其击杀	击杀机械化步兵	完成得0.3分，未完成得0分	

续表

模块	任务	初始态势	训练过程	胜利条件	评分标准	训练目的
	3.救出人质	我军:9名士兵,其中有3名工程兵。敌军:基地外,瞬间出现敌军,包括坦克、机械化步兵;基地内,多名敌步兵	提示:指挥员区分三个小组,工程组调往前线,一名负责埋反坦克、反步兵地雷,另外两名负责拉铁丝网,铁丝网的作用是阻止在基地外的敌军进入基地造成混乱。指挥另一组人员用火箭筒攻击敌军坦克。最后指挥员带领一组人员到基地营救人质,击杀基地的多名敌人,并在爆炸装置计时结束之前救出人质	10分钟内,守护基地直到救出人质	完成得0.4分,未完成得0分	

(四)情感凝聚性虚拟训练

情感凝聚性虚拟训练可以设定多个模块,以人机互动的形式进行训练。以背水一战模块为例,具体内容如表3.11所示。

表3.11 情感凝聚性虚拟训练

模块	任务	初始态势	训练过程	胜利条件	评分标准	训练目的
背水一战	1.占领周围领地	我军:9名士兵。可以使用的武器有步枪、机枪、迫击炮。敌军:若干步兵、空军	提示:指挥员派遣一名侦查员侦查战场,然后组织迫击炮小组炮轰敌军,如果直接突围,伤亡会很大。从左往右进攻,要充分使用迫击炮打乱敌军阵形,然后组织火力各个击破敌军。当敌军进行空袭的时候,地面会闪过许多类似炸弹爆炸的前兆,这时候要赶快撤离这个地区,不然会被炸死	歼灭阵地周围的敌军	完成得0.3分,未完成得0分	

续表

模块	任务	初始态势	训练过程	胜利条件	评分标准	训练目的
背水一战	2.恢复与营地的通信	我军：9名士兵，运输车。敌军：通信塔防御系统中若干敌军	提示：通信塔在正东南方向，敌军有非常好的防御系统，需要指挥员采用迫击炮覆盖轰炸，再利用运输车做盾牌冲进去强杀	占领通信塔，恢复与我军部队的通信并呼叫空中火力支援以及弹药补给	完成得0.3分，未完成得0分	指挥员能坚持忍受最大的困难，经受住持久的考验，训练坚忍不拔的毅力。集体在遂行战斗任务时，每个成员能够同仇敌忾、不畏艰险，训练集体的士气。为了达成集体的目标，需要牺牲个体时，成员能够挺身而出，训练集体荣誉感
	3.突破敌军防线	我军：9名士兵，空中支援，弹药补给。敌军：若干步兵，坦克	提示：弹药补给完毕后，我军空中火力来支援，指挥员指挥一组机枪小组掩护，一组突围，一组断后，逃出敌包围圈	4名士兵到达地图西南方向（左上角）的营地	到达营地人数，1名得0.1分，4名或以上得0.4分	

（五）人际沟通性虚拟训练

人际沟通性虚拟训练可以设定多个模块，以人机互动的形式进行训练。以沙漠逃生模块为例，具体内容如表3.12所示。

表3.12 人际沟通性虚拟训练

模块	任务	初始态势	训练过程	胜利条件	评分标准	训练目的
沙漠逃生	1. 寻找水源	我军：9名士兵，系统随机指定2名士兵扮演路过商人，并告知其地图和水源位置	我军与大部队在沙漠中失去联络，而且对地形不熟悉，此时遇到2名路过商人，由于语言不通，只能用手势与我军士兵交流（切断其网络语音系统）。指挥员组织士兵与商人交流后，下定决心，分组寻找水源	5分钟内找到水源	完成得0.3分，未完成得0分	在集体遇到困难时，指挥员组织与语言不通的商人通过手势交流，能够及时了解到我军所需要的信息，并在陌生的地形中迅速定位，完成任务，训练集体成员良好的人际沟通能力
	2. 寻找废弃汽车	我军：9名士兵，系统随机指定另外2名士兵扮演路过商人，并告知其地图和废弃汽车位置。敌军：若干步兵	找到水源后，发现有汽车车辙，此时又遇到2名路过商人，设法询问汽车位置。指挥员组织士兵与商人交流后，下定决心，分组寻找废弃汽车，其中一组在途中遭遇小股敌人袭击，需求助另一小组及时增援，否则会被击杀	10分钟内找到废弃汽车，并且无队员伤亡	完成得0.4分，未完成得0分	
	3. 返回营地	我军：9名士兵，系统随机指定另外2名士兵扮演路过商人，并告知其部队营地位置	找到废弃汽车，维修好后，开始寻找营地位置，此时再次遇到2名路过商人，设法询问部队营地位置。指挥员组织士兵与商人交流后，下定决心，寻找部队营地	10分钟内返回部队营地	完成得0.3分，未完成得0分	

第四节 战时心理虚拟训练系统的数据库设计

战时心理虚拟训练系统需要强大的数据库存储和管理各类数据和信息。根据训练系统的功能模块设计，可采用SQL Server 2012数据库管理系统进行数据库的概念结构设计和逻辑结构设计。

一、数据库管理系统选择

在战时心理虚拟训练系统中,数据库的设计尤为重要。"数据库质量的好坏直接影响到数据库数据的冗余度、数据的一致性、数据丢失等问题。"[①]目前,关系数据库管理系统(RDBMS)占据了市场主导地位,它可以分为两种类型:一是基于PC的单用户或网络版的DBMS(例如Access),它们具有一般数据库管理的基本功能,主要应用于小型数据库系统;二是基于C/S或B/S模式的RDBMS(例如Oracle、SQL Server等),它们在网络环境下,将数据的存储与处理分布于客户端和服务器端,主要针对大、中型应用系统。根据战时心理虚拟训练系统的运行需求,本书选择SQL Server 2012作为其数据库管理系统。

二、数据库概念结构设计

"概念结构设计是指对用户的需求进行分析与综合、归纳与抽象,形成一个独立于具体DBMS的概念模型,是整个数据库设计的关键。"[②]

概念结构是对战时心理虚拟训练系统的一种抽象,也就是将实际的用户、模型、知识点等概念进行人为处理,抽取它们的主要共性,忽略次要细节。概念结构设计阶段的任务,就是要形成独立于机器的、抽象的概念模型,也就是"实体-联系图"(E-R图,entity relationship diagram)。

E-R图在数据库设计领域得到了广泛的认同。它提供了表示实体类型、属性和联系的方法,用来描述现实世界的概念模型。E-R图有4个要素:矩形框、菱形框、椭圆形框、连线。其中,矩形框表示实体,在框中记入实体名。菱形框表示联系,在框中记入联系名。椭圆形框表示实体或联系的属性,将属性名记入框中。对于主属性名,则在其名称下划一下划线。

连线表示实体与属性之间、实体与联系之间、联系与属性之间的关系,用直线相连,并在直线上标注联系的类型。有3种一般性约束:一对一约束(联系)、一对多约束(联系)和多对多约束(联系)。对于一对一联系,要在两个实体连线方向各写1;对于一对多联系,要在一的一方写1,多的一方写N;对于多对多联系,则要在两个实体连线方向各写N,M。

E-R图设计的正确与否,取决于数据库设计人员能否真正把握应用环境的业

---

① 王秀娟.图书馆期刊管理系统的设计研究[D].合肥:陆军军官学院,2013.
② 贾铁军,甘泉.数据库原理应用与实践SQL Server 2012[M].北京:科学出版社,2013:192.

务流程,以及在该业务流程中所涉及的各个客观对象和它们之间发生的活动。其具体流程是:首先对战时心理虚拟训练系统的数据进行抽象,然后设计各个局部的分E-R图,最后再合并成总E-R图。战时心理虚拟训练系统的数据库E-R图如图3.23所示。

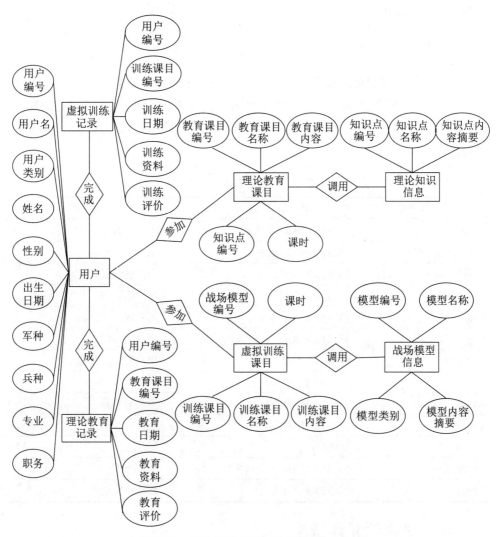

图3.23 战时心理虚拟训练系统总体E-R图

三、数据库逻辑结构设计

逻辑结构设计阶段的任务,就是要将E-R图进一步转化为数据库管理系统能够处理的数据模型。下面根据前述分析得到的实体联系模型,对一些重要的关系数据库表进行设计。

(一)用户数据库

用户数据库用于存储和管理用户的基本信息,包括用户基本信息表,记录了用户的编号、用户名、用户密码、用户类别、姓名、出生日期、性别、兵种、专业、单位、照片、联系方式等基本信息,如表3.13所示。其中,用户类别可分为组训者、受训者和管理员三种。

表3.13 用户基本信息表

字段名称	类型	允许空	说明
UserID	VARCHAR(20)	否	用户的编号
UserName	VARCHAR(50)	否	用户的登录名
UserPassWord	VARCHAR(20)	否	用户登录密码
UserClass	VARCHAR(4)	否	用户的类别
Name	VARCHAR(20)	否	用户的真实姓名
Sex	VARCHAR(4)	否	用户的性别
Birthday	DATETIME	否	用户的出生日期
Arms	VARCHAR(4)	否	用户的兵种
Major	VARCHAR(20)	否	用户的专业
Unit	VARCHAR(50)	是	用户所在单位
Photo	IMAGE	是	照片
PhoneNum	VARCHAR(20)	是	联系方式
Memo	VARCHAR(200)	是	特殊情况说明

(二)理论教育数据库

理论教育数据库用于存储和管理理论教育所需的相关知识和内容,包括理论教育课目表和理论知识信息表。

1. 理论教育课目表

理论教育课目表包括教育课目的编号、名称、内容、所需的知识点编号、课时和备注等,如表3.14所示。

表3.14 理论教育课目表

字段名称	类　型	允许空	说　明
TeachingItemID	VARCHAR(20)	否	教育课目的编号
TeachingItemName	VARCHAR(20)	否	教育课目的名称
TeachingItemContent	VARCHAR(50)	否	教育课目的内容
KnowledgeID	VARCHAR(20)	否	所需的知识点编号
WorkTime	FLOAT	否	训练课时
Memo	VARCHAR(200)	是	特殊情况说明

2. 理论知识信息表

理论知识信息表包括知识点的编号、名称、内容摘要和备注等,如表3.15所示。

表3.15 理论知识信息表

字段名称	类　型	允许空	说　明
KnowledgeID	VARCHAR(20)	否	知识点的编号
KnowledgeName	VARCHAR(20)	否	知识点的名称
KnowledgeDigest	VARCHAR(50)	否	知识点的内容摘要
Memo	VARCHAR(200)	是	特殊情况说明

(三)虚拟训练数据库

虚拟训练数据库用于存储和管理虚拟训练所需的相关知识和内容,包括虚拟训练课目表和战场模型信息表。

1. 虚拟训练课目表

虚拟训练课目表包括训练课目的编号、名称、内容、所需的战场模型编号、课时和备注等,如表3.16所示。

表3.16 虚拟训练课目表

字段名称	类　型	允许空	说　明
TrainingItemID	VARCHAR(20)	否	训练课目的编号
TrainingItemName	VARCHAR(20)	否	训练课目的名称
TrainingItemContent	VARCHAR(50)	否	训练课目的内容
ModelID	VARCHAR(20)	否	所需的战场模型编号
WorkTime	FLOAT	否	训练课时
Memo	VARCHAR(200)	是	特殊情况说明

2. 战场模型信息表

战场模型信息表包括模型的编号、名称、类别、内容描述和备注,如表3.17所示。模型类别有三种,分别是战场环境模型、战斗困境模型和作战任务模型。

表3.17 战场模型信息表

字段名称	类 型	允许空	说 明
ModelID	VARCHAR(20)	否	模型的编号
ModelName	VARCHAR(20)	否	模型的名称
ModelClass	VARCHAR(4)	否	模型的类别
ModelDigest	VARCHAR(20)	否	模型的内容描述
Memo	VARCHAR(200)	是	特殊情况说明

(四) 训练记录数据库

训练记录数据库用于存储和管理理论教育和虚拟训练中产生的相关数据和资料,包括理论教育记录表和虚拟训练记录表。

1. 理论教育记录表

理论教育记录表包括用户编号、教育课目编号、教育日期、教育资料、教育评价和备注,如表3.18所示。教育日期指的是受训者参加某次理论教育的时间;教育资料包括受训者完成当次教育的录像等客观记录;教育评价是在受训者完成教育课目后,评估人员对其完成情况的等级评估。

表3.18 理论教育记录表

字段名称	类 型	允许空	说 明
UserID	VARCHAR(20)	否	用户的编号
TeachingItemID	VARCHAR(20)	否	教育课目的编号
TeachingDate	DATETIME	否	参加教育的时间
TeachingRecord	OLE	否	教育资料
TeachingEvaluation	VARCHAR(20)	否	教育评价
Memo	VARCHAR(200)	是	特殊情况说明

2. 虚拟训练记录表

虚拟训练记录表包括用户编号、训练课目编号、训练日期、训练资料、训练评价和备注,如表3.19所示。训练日期指的是受训者参加某次虚拟训练的时间;训练资料包括受训者完成当次训练的录像等客观记录;训练评价是在受训者完成某个虚拟训练课目后,评估人员对其完成情况的等级评估。

表 3.19 虚拟训练记录表

字段名称	类型	允许空	说明
UserID	VARCHAR(20)	否	用户编号
TrainingItemID	VARCHAR(20)	否	训练课目的编号
TrainingDate	DATETIME	否	参加训练的时间
TrainingRecord	OLE	否	训练资料
TrainingEvaluation	VARCHAR(4)	否	训练评价
Memo	VARCHAR(200)	是	特殊情况说明

第四章 战时心理虚拟训练系统的实现

在系统设计的基础上,本章主要介绍系统功能实现的基本思路,包括训练信息管理子系统、个体战时心理虚拟训练子系统、集体战时心理虚拟训练子系统,最后进行系统测试。实现时使用Unity的较新版本开发训练场景,使用Microsoft Visual Studio 2010开发心理训练指标测评子系统。

第一节 训练信息管理子系统

训练信息管理子系统在组训者终端与管理终端、受训者终端显示不同的功能模块。组训者终端显示虚拟训练计划制订、虚拟训练过程控制、虚拟训练记录统计三个功能模块,管理终端、受训者终端显示用户信息管理、虚拟训练资源管理、虚拟训练记录统计、虚拟训练监测评估四个功能模块。界面设计使用了NGUI插件,NGUI是专门针对Unity用C#语言编写的一套插件。[1]训练信息管理子系统界面如图4.1所示。

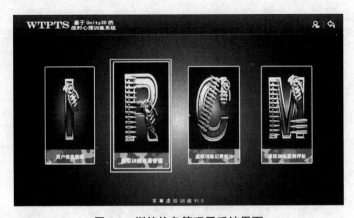

图4.1 训练信息管理子系统界面

---

[1] 高雪峰. Unity3D NGUI实战教程[M]. 北京:人民邮电出版社,2015:3.

图中当鼠标划过虚拟训练资源管理按钮时,图片会变大,使用了 Button Scale 组件,设置鼠标移过 Hover 参数,当鼠标移过按钮时按钮控件的大小变成 1.1 倍;设置鼠标按下 Pressed 参数,当按钮被按下时按钮控件的大小变成 1.05 倍,如图 4.2 所示。

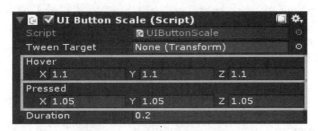

图 4.2　Button Scale 组件面板

一、用户信息管理模块

用户信息管理有两个功能,分别是信息管理和用户登录,其中账号管理只有管理员可以使用。

(一) 信息管理

信息管理实现对用户信息的注册、修改、保存功能。用户信息包括编号、账号、密码、姓名、用户类别、出生日期、专业、性别、单位等内容,如图 4.3 所示。

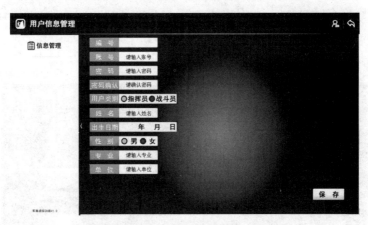

图 4.3　信息管理界面

用户信息管理需要连接数据库,部分代码如下所示:
void GoRegister(){
string account = R_Account.value;

```
if (string.IsNullOrEmpty(account)) {//判断账号是否为空
ShowTip ("请输入账号"); return;}
string passwordone = R_Passwordone.value;
if (string.IsNullOrEmpty(passwordone)) {//判断密码是否为空
ShowTip ("请输入密码");return;}
string passwordtwo = R_Passwordtwo.value;
    if (string.IsNullOrEmpty(passwordtwo)) {
        ShowTip ("请再次输入密码"); return;}
    else{if (passwordone! =passwordtwo) {//判断两次密码是否一致
        ShowTip ("两次密码不一致");return;}}
Dic.Add ("account",account);//添加用户信息到字典中
Dic.Add ("password",passwordone);
…
```

（二）用户登录

在登录界面中,一共需要显示 Title、Text、Register、Sprite、btnquit、BackGround、Login_BG、userName、userPassWord、btnlogin 十张图片,图片使用精灵（Sprite）制作,然后将这些零碎的小图片打包成一个图集（Atlas）,这样不但可以减少美术资源的总体积,同时减少了载入内存的操作,提高了性能,还可以减少维护大量零碎小资源的麻烦。例如使用 userPassWord 这张图片时,可在 UI Sprite 组件中,选择图集 Login_Atlas 中的 Login_PassWord 图片,在 Widget 模块中设置控件的深度 Depth、大小 Size 等参数。系统登录界面如图4.4所示。

图4.4　系统登录界面

在 UI Input 组件中,将输入类型 Input Type 选项设置成密码模式 Password 时,输入字符全部显示为"*",如图 4.5 所示。

图 4.5　场景层级窗口及 userPassWord 的组件参数面板

点击登录时的部分脚本:
void LoginToJudge(){//登录函数
　　string UserName = L_UserName.value; //用户名
if (string.IsNullOrEmpty(UserName)) {//判断用户名是否为空
　　　　ShowTip ("请输入用户名");return;}
　　　　string password = L_Password.value;
　　if (string.IsNullOrEmpty(password)) { //判断密码是否为空
　　　　ShowTip ("请输入密码");return;}

　　　　ShowTip ("正在登录...");
…

二、虚拟训练资源管理模块

　　虚拟训练资源管理对自然环境、人工环境和训练课目三类资源分别进行管理。

（一）自然环境管理

　　自然环境包括桥梁、道路、河流、村庄、树林、湖泊等地形环境，以及云、雨、雪、风、闪电、温度、湿度、雾等气象环境，其中地形环境可以导入全军通用的数字地图，自然环境模块可对这些环境模型进行编辑、增加、删除等操作，使其组合成贴近真实的自然环境，如图4.6所示。

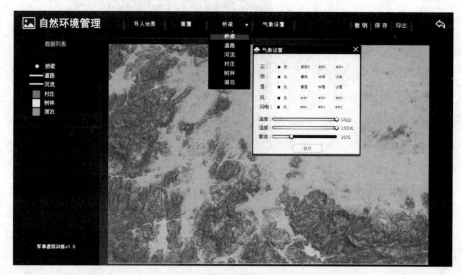

图4.6　自然环境管理界面

　　选择桥梁等自然环境时显示下拉菜单，使用的组件是Popup List，Option中录入下拉菜单的各个选项；Default是默认情况下选中的选项，选择桥梁；Position中选择了Below选项，菜单从下方弹出；Alignment是对齐方式，选择Center居中对齐；Open on是打开的方式，选择Click Or Tap单击出现菜单；Atlas是菜单显示的图集，选择Draw_Atlas；Background中设定下拉菜单的背景颜色；Highlight中设定鼠标光标移到选项上高亮显示的颜色；Font Size中设定菜单文本的字号；Text Color中设定文本的颜色；On Value Change中设定当下拉菜单被选中时触发的事件，如图4.7所示。

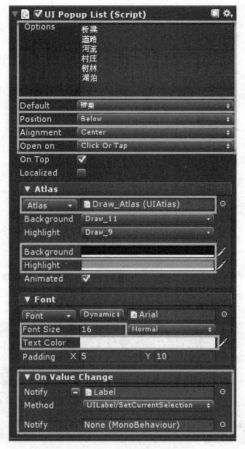

图 4.7　Popup List 组件面板

（二）人工环境管理

人工环境包括障碍、工事等静态军事设施，以及战斗人员、战斗装备等动态军事对象。人工环境管理可对这些对象进行编辑、增加、删除等操作，使其组合成训练课目所需的战场环境，如图 4.8 所示。

在添加军事设施时，需要反复使用同样的设施，Unity 提供了一种保存对象的方法，该方法是保存预置 Prefab，使得在场景中编辑过后的对象保存成一个 Prefab 对象，成为一种资源，通过预置，在程序运行的过程中，动态地生成该预置成为场景中的对象，例如图 4.8 中动态生成火炮掩体、坦克掩体、掩蔽部等对象。使用拖放项目组件 Drag Drop Item，其中 Prefab 预置选择所需要的对象，如图 4.9 所示。

图 4.8 人工环境管理界面

图 4.9 Drag Drop Item 组件面板

创建预置部分代码如下所示：

［AddComponentMenu("NGUI/Examples/Drag and Drop Item（Example）"）］//添加组件

public class ExampleDragDropItem：UIDragDropItem{//拖放功能函数

public GameObject prefab；

{if (surface！= null){ //创建新物体,生成预置

ExampleDragDropSurface dds=surface. GetComponent<ExampleDragDrop-Surface>()；

GameObject newobj = Instantiate(prefab) as GameObject；

Ray ray = Camera.main.ScreenPointToRay(Input.mousePosition)；

RaycastHit hit；

if (Physics.Raycast(ray,out hit,1000)){ //如果点中物体

```
        newobj.transform.position = hit.point; //物体放在点中的位置
        newobj.transform.parent = surface.transform;}
        if (dds! = null){ //将物体旋转到合适方向
        GameObject child = NGUITools.AddChild(dds.gameObject,prefab);
    child.transform.localScale = dds.transform.localScale;
Transform trans = child.transform;
trans.position = UICamera.lastWorldPosition;
if (dds.rotatePlacedObject)
    {trans.rotation = Quaternion.LookRotation(UICamera.lastHit.normal) * Qua-
ternion.Euler(90f,0f,0f);}
        NGUITools.Destroy(gameObject); // 销毁对象
        return;
}}
            base.OnDragDropRelease(surface);
}}
```

（三）训练课目管理

不同军种、不同兵种、不同战斗任务有不同的训练课目需求，训练课目管理模块根据各种训练课目的需求调用组合相关模型，与上述两个模型一起，形成战时心理虚拟训练课目模块，如图4.10所示。

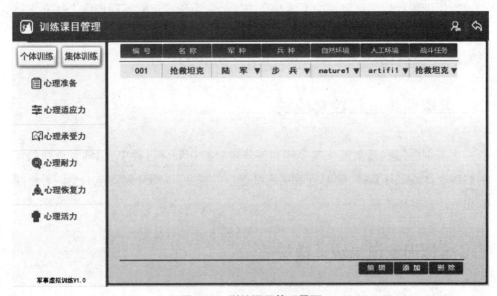

图4.10　训练课目管理界面

如果需要对齐的对象比较多，手动调整间隔比较麻烦，可以使用UI Grid组件，它的用途是让UI元素按照一定的间距网格化排列。例如，在LeftButton子物体中有6个精灵，对应的是6个个体训练课目，在LeftButton中添加UI Grid组件，Arrangement设置排列方向，选择Vertical纵向排列；Cell Width、Cell Height设置网格的宽度和高度；设定Pivot锚点和网格的起始点，Top Left为从左上角开始排列。设置好参数后，6个训练课目就自动排列好了，如图4.11所示。

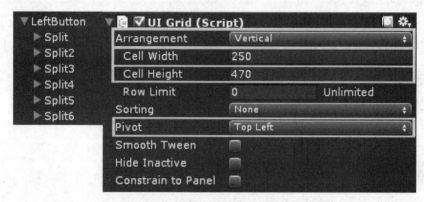

图4.11　LeftButton层级窗口及UI Grid组件面板

三、虚拟训练计划制订模块

虚拟训练计划制订模块按个体和集体区分。组训者针对不同训练个体和集体制订详细的训练计划表，包括训练人员、训练时间、训练内容、训练目标等内容，制作完成之后，上传至数据库，供受训者查看。界面图略。

四、虚拟训练过程控制模块

虚拟训练过程控制模块按个体和集体区分。在训练过程中，组训者选择具体的训练个体或训练集体，实时查看训练过程，对不按照训练计划实施的受训者终端发出提示。界面图略。

五、虚拟训练记录统计模块

虚拟训练记录统计分为个体和集体两类。

（一）个体虚拟训练记录统计

个体虚拟训练记录统计主要以受训者的编号来区分管理，记录受训者的训练情况，方便受训者查询，如图4.12所示。

使用Line Renderer线渲染组件可以渲染线段，在脚本中通过设置Positions中Element的坐标，就可在界面中将虚拟对象显示在坐标指定的位置，选择不同的受训者，通过读取数据库的值，就可以显示不同的训练成绩，如图4.13所示。

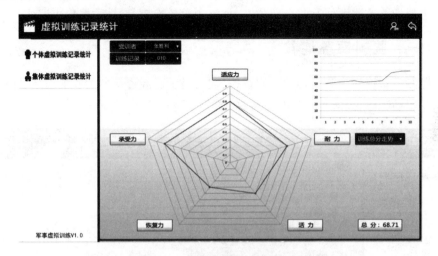

图4.12　个体虚拟训练记录界面

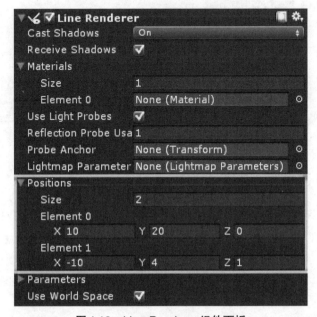

图4.13　Line Renderer组件面板

（二）集体虚拟训练记录统计

集体虚拟训练记录统计主要以受训者的所在单位来区分管理，显示集体训练的效果，与个体虚拟训练记录统计类似。界面图略。

六、虚拟训练监测评估模块

虚拟训练监测评估有两个部分，一是监测设备连接，二是数据采集评估。

（一）监测设备连接

监测设备连接检测并驱动监测设备，同时显示已经连接好的监测设备，如果设备缺少驱动程序，提醒用户及时安装，如图4.14所示。

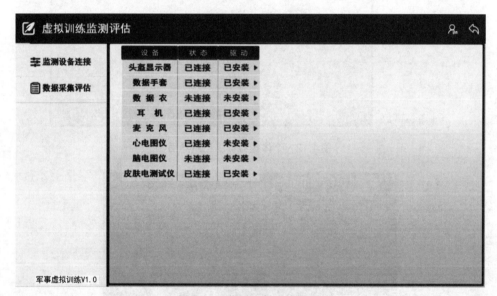

图4.14 监测设备连接界面

（二）数据采集评估

数据采集评估提供与数据库连接的端口，把监测设备采集的数据存储到数据库中，并根据评估模型进行分析，最后把评估结果发送到虚拟训练记录中，如图4.15所示。

第四章　战时心理虚拟训练系统的实现

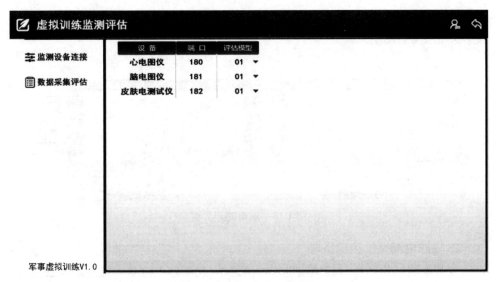

图4.15　数据采集评估界面

1. 脑电图仪实现原理

脑电图仪对受训者脑电进行检测评估，从原理上分为脑立方蓝牙版耳机设备连接、脑电信号开发配置、虚拟训练脑电分析三个部分。

一是脑立方蓝牙版耳机设备连接。该设备通过信号采集、信号过滤、信息解读、人机交互四个环节完成脑电信号采集。信号采集实现由干电极检测到脑电信号；信号过滤实现将干扰信号从脑电波信号中过滤掉；信息解读是通过专用算法评测出脑电、注意力和放松度等参数；人机交互是将采集到的信号通过蓝牙传输给计算机，实现人机对话。

二是脑电信号开发配置。脑立方蓝牙版耳机是在.NET平台上使用NeuroSky神念科技的ThinkGear SDK来编写虚拟训练脑电测试程序的。ThinkGear传感器硬件与Windows机器连接，确保Windows应用程序能够从NeuroSky的传感器硬件上接受和使用脑电等生物电数据，实现ThinkGear生物传感器获取脑电信号的数据。此外还要添加一些动态库，如ThinkGear.dll库。

三是虚拟训练脑电分析。采用TGAM数据流格式。TGAM每秒钟大约发送513个包，每次发送的数据包分为小包和大包两种，它们的数据格式相对固定，但字节数随着数据大小而不同。虚拟训练脑电分析系统，采用VS2010开发工具和C#开发语言，设计了COMPortManager类和Parser类。COMPortManager类实现蓝牙传输过程中串口数据的读取，波特率为57600，将数据包存储在一个字符数组中，主要代码见附录3。Parser类实现对大包数据的分类解析，按照EEG Powe格式，根据关键标识分别读取8个脑电、专注度、放松度等数据，并存储在数组中，再通过专用波形控件进行同步显示，Parser类主要代码见附录4。4种脑电测评的实现界面如图4.16所示。

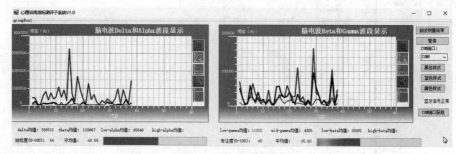

图4.16 脑电测评界面

2. 皮肤电测试仪实现原理

皮肤电测试仪对受训者情绪进行检测评估，从原理上分为连接专用设备、获取皮肤电信号、分析情绪波动等三个部分。第一部分是Grove-GSR皮肤电设备连接，第二部分是Arduino-GSP编程获取信号，第三部分是虚拟训练情绪波动分析。

一是Grove-GSR皮肤电设备连接。通过Arduino开源电子原型平台，连接Grove-GSR皮肤电设备。GSR传感器和Arduino开发板的GND相连接，GSR传感器的VCC与Arduino开发板的5 V连接，GSR传感器的SIG信号与Arduino开发板的A2连接。另外，灯珠的长脚与Arduino开发板的D13连接，短脚与Arduino开发板的GND连接。具体连接如图4.17所示。

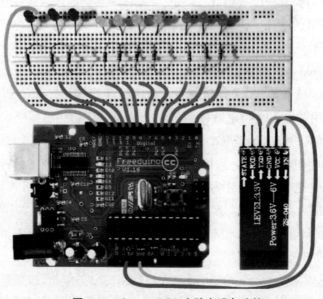

图4.17 Grove-GSR皮肤电设备连接

二是Arduino-GSP编程获取皮肤电信号。Arduino的硬件和软件都是开放的资源,通过Arduino-GSP集成环境,对连接到Arduino开发板上的外部输出器件进行编程,使用类似于C语言的编程语言来开发Arduino代码,获取心率数据,并通过蓝牙协议传输到皮肤电设备系统。Arduino-GSP心率获取代码如附录5所示。代码编写后,就可以运行Arduino程序,串口选择COM6,开发板选择Arduino Nano,9600波特率。通过Arduino开发板和IDE开发环境,实时地检测受训者的皮肤电变动情况。

三是虚拟训练情绪波动分析。这里通过笔者和导师共同开发的用于虚拟战时训练的皮肤电检测评估系统,实现对虚拟训练过程中皮肤电变化的分析。该系统模块通过Visual Studio 2010开发工具,采用C#语言编程,接收Arduino-GSP用蓝牙传输的心率数据包,通过分析关键标识,识别受训者的实时皮肤电数据。再通过专用波形控件,在界面上形成情绪波动同步变化波形曲线。通过与受训者平静时情绪数据的比较,判断在虚拟心理训练环境下,受训者的情绪控制能力是否达标。在程序设计时,用GSRCOMPortManager类来实现对皮肤电网络数据包的实时读取,具体类设计见附录6。

3. 心电图仪实现原理

心电图仪实现原理与脑电图仪实现原理相比,在实现原理、数据传输、代码开发上都基本相似,只是设备和数据包的标识字有所区别。

第二节 个体战时心理虚拟训练子系统

个体战时心理虚拟训练子系统包括6个训练课目:心理准备虚拟训练、心理适应力虚拟训练、心理承受力虚拟训练、心理耐力虚拟训练、心理恢复力虚拟训练、心理活力虚拟训练,如图4.18所示。

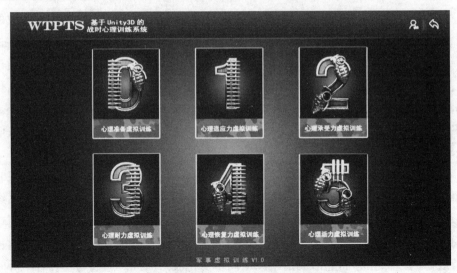

图 4.18　个体战时心理虚拟训练子系统界面

在 Unity3D 平台上实现训练课目的思路如下：创建一个场景，导入地形数据，添加天空盒和太阳光，为场景添加第一人称视角，然后添加道路、桥梁、河流、村庄、树木、装备、人物等对象，为对象添加各种组件，比如动画组件、音效组件、碰撞检测组件、粒子组件、贴图组件、材质组件等，各种对象按照训练过程的要求通过脚本进行交互，就可以实现所需的训练课目，如图 4.19 所示。

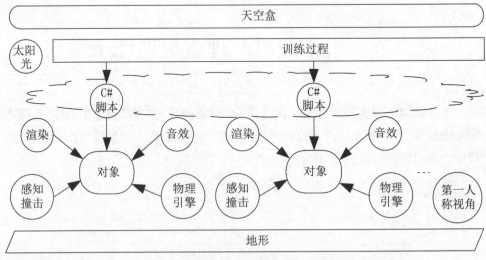

图 4.19　基于 Unity3D 平台战时心理虚拟训练课目实现示意图

一、心理准备虚拟训练模块

心理准备虚拟训练包括作战理论学习、心理知识学习、了解作战对象、对比敌我情况四个任务,只需要制作好四个任务视频,供程序调用即可。

视频播放关键代码如下:

```
public class MoviePlayer:MonoBehaviour{ // 视频播放函数
protected AVProWindowsMedia _moviePlayer;
public string _filename;
public bool _useNativeFormat = true;
public bool _playOnStart = true;
public Texture OutputTexture
{get{ if(_moviePlayer ! = null) return _moviePlayer. OutputTexture; return null; }}
public AVProWindowsMedia MovieInstance{get { return _moviePlayer; }}
public void Start()
{LoadMovie(_playOnStart);} // 加载视频
public void LoadMovie(bool autoPlay)
{if ( _moviePlayer == null) _moviePlayer = new AVProWindowsMedia();
if ( _moviePlayer.StartVideo(_filename, _loop, _useNativeFormat)){ _moviePlayer.Volume = _volume;
    if (autoPlay)
    {_moviePlayer.Play();}}// 播放视频
else{UnloadMovie();}}
public void UnloadMovie()
{if ( _moviePlayer ! = null){_moviePlayer.Close(); _moviePlayer = null;}}
public void Update(){if ( _moviePlayer ! = null) _moviePlayer.Update( _forceUpdate); }
// 更新视频
public void OnDestroy(){UnloadMovie();}// 销毁视频
```

二、心理适应力虚拟训练模块

心理适应力虚拟训练包括适应战场环境、适应作战对象、适应作战特点三个任务。适应战场环境通过适应丘陵、山地、平原三种地形实现；适应作战对象通过展现作战对象的作战样式、武器装备实现；适应作战特点通过介绍现代战争的特点实现。通过上述模拟展现，使受训者能够提前适应未来战场。

在Unity3D中，第一步，构建战场场景，包括导入丘陵、山地、平原等地形数据，增加晴天天空盒，添加光源，然后增加道路、水源、树木等静态对象。第二步，制作坦克、士兵、步枪、机枪等动态对象，为动态对象增加声音、镜头等特效。第三步，连接头盔显示器、数据手套、数据衣等虚拟现实设备，实现人机交互。第四步，制作适应战场环境的任务，导入适应作战对象、适应作战特点的视频，设计选择题。第五步，调用生理数据采集处理程序，由心理适应力虚拟训练效果评估公式处理并输出评估数据。实现流程如图4.20所示。

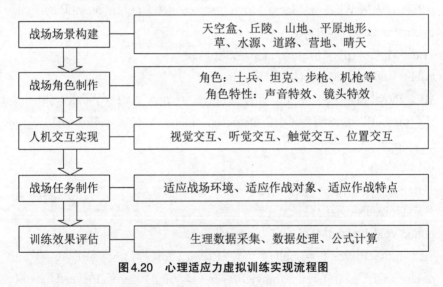

图4.20　心理适应力虚拟训练实现流程图

三、心理承受力虚拟训练模块

心理承受力虚拟训练中抢救坦克模块通过承受战场上残垣断壁、敌军压境、战友牺牲、血流成河等各种恐怖景象的刺激来实现。通过上述模拟情景，让受训者的心理受到强烈的震撼，使受训者能够承受未来战场的各种情况。

抢救坦克模块的实现思路与心理适应力虚拟训练模块类似，主要不同是在第四步,战场任务由消灭敌军坦克、修理我军坦克、护送坦克返回营地组成,程序实现流程如图4.21所示。

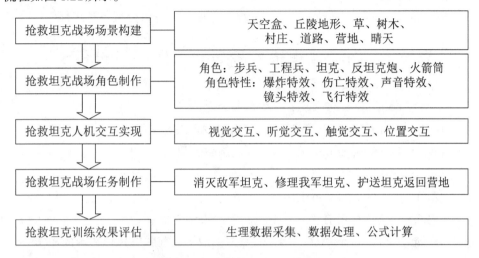

图4.21 抢救坦克模块实现流程图

抢救坦克虚拟训练场景如图4.22所示。

图4.22 抢救坦克虚拟训练场景

血迹效果代码如下:

```
public class EnemyCtrl:MonoBehaviour{
    public enum EnemyState{idle,trace,attack,die};
    //声明表示敌军状态信息的Enumerable变量
```

```
public EnemyState EnemyState = EnemyState.idle;
//保存敌军当前状态的Enum变量
private Transform enemyTr; //为提高速度而向变量分配各种组件
…
public float traceDist = 10.0f; //追击范围
public float attackDist = 2.0f; //攻击范围
private bool isDie = false; //敌军是否死亡
public GameObject bloodEffect; //血迹效果预置
public GameObject bloodDecal; //血迹贴图预置
void Start(){…}
IEnumerator CheckEnemyState(){…}
//定期检查敌军当前状态并更新enemyState变量值
IEnumerator EnemyAction(){…} //根据敌军当前状态执行适当的操作
void OnCollisionEnter(Collision coll){ //检查敌军是否与子弹发生碰撞
    if (coll.gameObject.tag == "BULLET"){
        CreateBloodEffect(coll.transform.position); //调用血迹效果
        hp -= coll.gameObject.GetComponent<BulletCtrl>().damage;
        if (hp <= 0){ EnemyDie();}
        Destroy(coll.gameObject); //删除子弹对象Bullet
    animator.SetTrigger("IsHit");}}
    //触发IsHit Trigger,使敌军从Any State转换为gothit状态
void CreateBloodEffect(Vector3 pos){
    GameObject blood1 = (GameObject)Instantiate(bloodEffect, pos, Quaternion.identity); //生成血迹效果
    Destroy(blood1, 2.0f);
}}
```

四、心理耐力虚拟训练模块

心理耐力虚拟训练中极寒之冬模块通过长期忍耐战场上寒冷、暴风雪等艰苦恶劣的自然环境,忍耐多波次的敌军进攻来实现。

极寒之冬模块实现思路与心理适应力虚拟训练模块类似,主要不同是在第四步,战场任务由寻找热源、部队会合、夺回营地组成,程序实现流程如图4.23所示,训练场景如图4.24所示。

第四章 战时心理虚拟训练系统的实现　　111

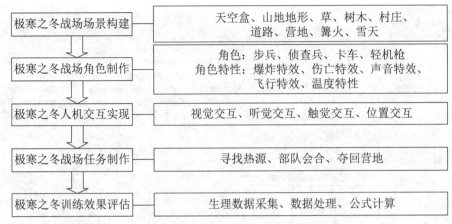

图 4.23　极寒之冬模块实现流程图

图 4.24　极寒之冬虚拟训练场景

炮弹、子弹飞行时发光的轨迹、爆炸的烟火效果需要用到粒子系统（particle system）。对粒子系统进行初始化，Duration 是粒子系统发射粒子的持续时间，设为 5 秒；选择 Looping 时，粒子系统循环发射；Start Lifetime 是粒子存活时间，设为 5 秒；Start Speed 是粒子发射时的速度，在 1.5~2 米/秒之间随机变换；Start Size 是粒子发射时的大小，在 1~5 之间随机变换；Start Color 是粒子发射时的颜色；Max Particle 是在一个周期内粒子发射的最大数量，设为 1000 发；Emission 是粒子系统的喷射特性，每秒 20 个；Shape 是粒子系统的形态，设定范围、角度和粒子半径等参数，如图 4.25 所示。

图4.25 Particle System 组件面板

爆炸效果代码如下：

```
void Update () {
    if (Input.GetMouseButtonDown(0)){
        Fire();//点击鼠标调用Fire函数
        RaycastHit hit;//获取被射线击中的游戏对象
        //通过Raycast函数发射射线,有游戏对象被击中时返回true
        if (Physics.Raycast(firePos.position, firePos.forward, out hit, 10.0f)){
            if (hit.collider.tag == "ENEMY"){
                //判断被射线击中的游戏对象Tag值是否为敌军
                //SendMessage函数要传递的参数数组
                object[] _params = new object[2];
                _params[0] = hit.point;  //被射线击中的位置(Vector3)
                _params[1] = 20;         //敌军将受到的伤害值
```

hit. collider. gameObject. SendMessage ("OnDamage", _params, SendMessageOptions.
DontRequireReceiver);} //调用使敌军受到伤害的函数
  if (hit.collider.tag == "BARREL"){
  //查看被射线击中的游戏对象是否为Barrel
   object[ ] _params = new object[2];
   _params[0] = firePos.position;
   _params[1] = hit.point;
  hit.collider.gameObject.SendMessage("OnDamage", _params, SendMessageOptions. DontRequireReceiver);
  //为了计算油桶被击中时射线的入射角度,将射线发射原点与击中点传递给OnDamage函数
  }}}}

五、心理恢复力虚拟训练模块

  心理恢复力虚拟训练包括迷人海滩、茫茫草原、巍峨群山三个模块,通过消除刺激、展现迷人的自然风光来实现。实现思路与心理适应力虚拟训练模块类似,主要不同是在第四步,战场任务由迷人海滩、茫茫草原、巍峨群山组成,程序实现流程如图4.26所示。

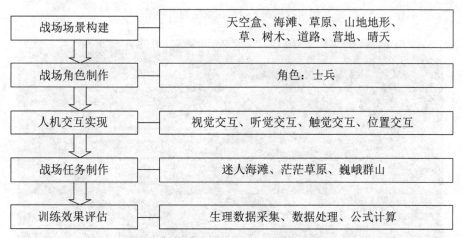

图4.26　心理恢复力虚拟训练实现流程图

六、心理活力虚拟训练模块

心理活力虚拟训练中深入敌后模块,要求受训者在限定时间内,快速完成战斗任务,训练受训者的心理潜能,把心理活力激发到最佳水平,使紧张程度恰到好处,形成积极的"战斗条件-心理状态"的条件反射,使心理活动保持在较高的水平。

深入敌后模块实现思路与心理适应力虚拟训练模块类似,主要不同是在第四步,战场任务由消灭敌军军官、保护审问者的安全、解救战俘组成,程序实现流程如图4.27所示,训练场景如图4.28所示。

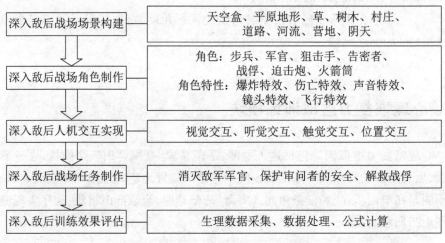

图4.27 深入敌后模块实现流程图

图4.28 深入敌后虚拟训练场景

敌军出现逻辑、敌军攻击技能代码如下：

（一）敌军出现逻辑关键代码

```
public class GameMgr:MonoBehaviour {
    public Transform[] points;  //保存敌军出现的所有位置的数组
    public GameObject enemyPrefab;  //要分配敌军预置的变量
    public float createTime = 2.0f;  //生成敌军的周期
    public int maxEnemy = 10;  //生成敌军的最大数量
    public bool isGameOver = false;  //控制是否终止游戏的变量
    void Start(){
    // 获取层次视图SpawnPoint下的所有Transform组件
    points = GameObject.Find("SpawnPoint").GetComponentsInChildren<Transform>();
        if(points.Length > 0){
            StartCoroutine(this.CreateEnemy());}}  //调用生成敌军的协程函数
    IEnumerator CreateEnemy(){  //生成敌军的协程函数
        while(!isGameOver){  //无限循环直到游戏结束
        //当前已生成敌军数量
        int enemyCount = (int)gameObject.FindGameObjectWithTag("ENEMY").Length;
            if(enemyCount < maxEnemy){
            //只有比敌军最大数量小时才需要继续生成敌军
            yield return new WaitForSeconds(createTime);
            //程序挂起一段时间(敌军生成周期)
            int idx = Radom.Range(1, points.Length);  //计算随机位置
            Instantiate(enemyPrefab, points[idx].position, points[idx].rotation)
            //动态生成敌军
            }
        else{yield return null;}
}}}
```

（二）敌军攻击技能关键代码

[System.Serializable] //需要声明 System.Serializable 属性

```
public class Anim{//Class曝光到检视视图
    public AnimationClip idle;
    public AnimationClip runForward;
    …}
public class PlayerCtrl:MonoBehaviour {
    private float h = 0.0f;
    private float v = 0.0f;
    private Transform tr; //常用组件一定要分配到变量后再使用
    public float moveSpeed = 10.0f; //移动速度变量
    public float rotSpeed = 100.0f; //旋转速度变量
    public Anim anim; //需要在检视视图中进行标记的动画类变量
    public Animation _animation; //声明3D模型的Animation组件的变量
    public int hp = 100; //表示受训者生命值的变量
    void Start () {…}
    void Update () {…}
    void OnTriggerEnter(Collider coll){
    //发生碰撞时调用,必须勾选碰撞器的IsTrigger选项
        if (coll.gameObject.tag == "PUNCH"){
        hp -= 10;
        //如果发生碰撞的Collider为敌军的PUNCH,则减少受训者的HP
        Debug.Log("Player HP = " + hp.ToString());
        if (hp <= 0){PlayerDie();}}}
        //受训者生命值小于0时进行死亡处理
    void PlayerDie(){
Debug.Log("战败!! ");//受训者的死亡处理
}}
```

第三节 集体战时心理虚拟训练子系统

集体战时心理虚拟训练子系统包括四个训练课目:环境适应性虚拟训练、行动协同性虚拟训练、情感凝聚性虚拟训练、人际沟通性虚拟训练。

一、环境适应性虚拟训练模块

环境适应性虚拟训练包括适应战场环境、自我介绍、作战任务介绍三个任务，适应战场环境通过适应城市、丘陵、沙漠三种地形实现，自我介绍和作战任务介绍通过自我描述、回答系统考题实现。实现思路与心理适应力虚拟训练模块类似，主要不同是在第四步，战场任务由适应战场环境、自我介绍、作战任务介绍组成，程序实现流程如图4.29所示。

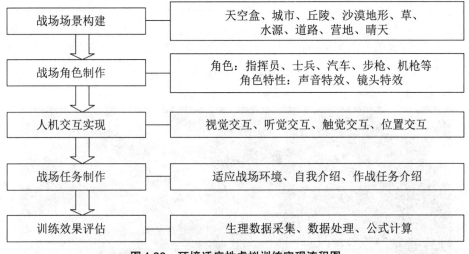

图4.29　环境适应性虚拟训练实现流程图

二、行动协同性虚拟训练模块

行动协同性虚拟训练中营救人质模块，要求指挥员能够根据当前任务、敌情，迅速下定决心，划分小组，分配任务，训练果断决策的心理素质。集体面临困难和危险时，每个成员都能够紧密团结、行动密切协同、相互配合，产生强大的整体力量，促进任务的完成。

营救人质模块实现思路与心理适应力虚拟训练模块类似，主要不同是在第四步，战场任务由清理狙击手、击杀机械化步兵、救出人质组成，程序实现流程如图4.30所示，训练场景如图4.31所示。

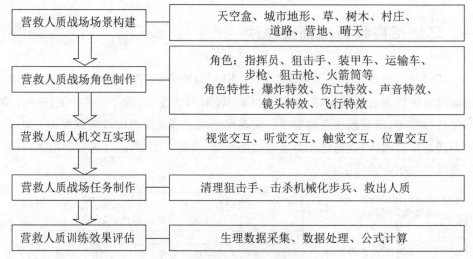

图4.30 营救人质模块实现流程图

图4.31 营救人质虚拟训练场景

旋转坦克炮塔、发射炮弹代码如下：

（一）旋转炮塔关键代码

public class TurretCtrl:MonoBehaviour {
　　private Transform tr;
　　private RaycastHit hit;　//保存射线击中地面位置的变量
　　public float rotSpeed = 5.0f;　//炮塔旋转速度
　　void Start () {tr = GetComponent<Transform>();}

```
void Update () {
    //通过摄像机生成向鼠标光标指示位置发射的射线
    Ray ray = Camera.main.ScreenPointToRay(Input.mousePosition);
    if ( Physics.Raycast(ray,out hit,Mathf.Infinity,1<<8) ){
        Vector3 relative = tr.InverseTransformPoint(hit.point);
        //将射线击中的位置转换为本地坐标
        //用反正切函数Atan2计算炮塔要旋转的角度
        float angle = Mathf.Atan2(relative.x, relative.z) * Mathf.Rad2Deg;
        tr.Rotate(0, angle * Time.deltaTime * rotSpeed,0);
        //以rotSpeed变量作为炮塔旋转速度
}}}
```

（二）发射炮弹关键代码

```
public class FireCannon:MonoBehaviour {
    private GameObject cannon = null; //cannon预置
    private AudioClip fireSfx = null; //炮弹发射声音文件
    private AudioSource sfx = null; //AudioSource 组件
    public Transform firePos; //指定炮弹发射的原点
    private PhotonView pv = null; //初始化PhotonView组件变量
    void Awake () {
        cannon = (GameObject) Resources.Load ("Cannon");
        //从Resources文件夹中加载 cannon预置
        fireSfx = Resources.Load<AudioClip>("CannonFire");
        //从Resources文件夹中加载炮弹声音文件
        sfx = GetComponent<AudioSource>(); //分配AudioSource组件
        pv = GetComponent<PhotonView>(); }
        //向pv变量分配PhotonView组件
    void Update () {
    //如果PhotonView是自己本地的组件,则点击鼠标左键时执行发射逻辑
        if (pv.isMine && Input.GetMouseButtonDown(0) ){
            Fire();//如果是自己本地的坦克,则调用本地函数并发射炮弹
            pv.RPC ("Fire", PhotonTargets.Others, null );}}
            //调用远程客户端的RPC函数Fire函数
[PunRPC]
```

```
void Fire(){
sfx.PlayOneShot(fireSfx, 1.0f); //播放炮弹发射的声音
GameObject _cannon = (GameObject)Instantiate(cannon, firePos.position, firePos.rotation);
_cannon.GetComponent<Cannon>().playerId = pv.ownerId;
}}
```

三、情感凝聚性虚拟训练模块

情感凝聚性虚拟训练中背水一战模块,要求指挥员能坚持忍受最大的困难,经受住持久的考验,训练坚忍不拔的毅力。集体在遂行战斗任务时,每个成员都能够同仇敌忾、不畏艰险,训练集体的士气。为了达成集体的目标,需要牺牲个体时,成员能够挺身而出,训练集体荣誉感。

背水一战模块实现思路与心理适应力虚拟训练模块类似,主要不同是在第四步,战场任务由占领周围领地、恢复与营地的通信、突破敌军防线组成,程序实现流程如图4.32所示,训练场景如图4.33所示。

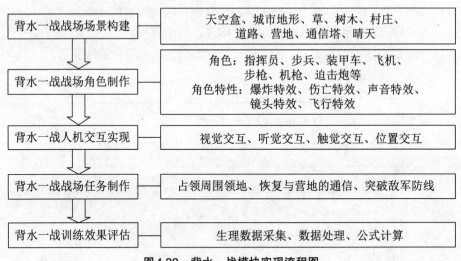

图4.32 背水一战模块实现流程图

图 4.33 背水一战虚拟训练场景

四、人际沟通性虚拟训练模块

人际沟通性虚拟训练中沙漠逃生模块,要求在集体遇到困难时,指挥员组织与语言不通的商人通过手势交流,及时了解到我军所需要的信息,并在陌生的地形中迅速定位,完成任务,训练集体成员良好的人际沟通能力。

沙漠逃生模块实现思路与心理适应力虚拟训练模块类似,主要不同是在第四步,战场任务由寻找水源、寻找废弃汽车、返回营地组成,程序实现流程如图 4.34 所示,训练场景如图 4.35 所示。

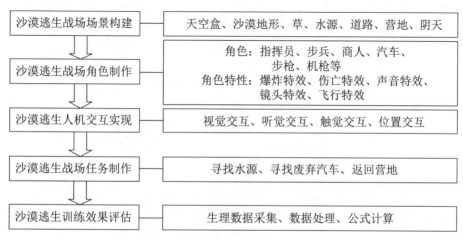

图 4.34 沙漠逃生模块实现流程图

图 4.35 沙漠逃生虚拟训练场景

网络语音关键代码如下：
public GetPhoneAndSend(){//获取录音,并发送
if(readPos >= audioFrequency * 20){
  DestroyImmediate(recording);
  Microphone.End(null);
recording = Microphone.Start(currentDeviceName,false,21,audioFrequency);}
 try{//读取最后一段音频
  lastReadPos = readPos;}
  ProcessPendingEncodeBuffer();
  bool allowSend = true;
  …
if(sendTimer >= sendt && allowSend){
  sendTimer = 0.0f;
  tempSendBytes.Clear();//刷新并发送至缓冲区
  foreach(USpeakFrameContainer frame in sendBuffer){
   tempSendBytes.AddRange(frame.ToByteArray());}
  sendBuffer.Clear();
  if(tempSendBytes.Count > 0){
   audioHandler.USpeakOnSerializeAudio(tempSendBytes.
ToArray());
 }}}

```
public void ReceiveAudio(byte[ ] data) {//接收同伴对话录音
    while(offset < data.Length) {
    ...
}}
```

第四节　系　统　测　试

战时心理虚拟训练系统测试于 2017 年 8 月 10 日至 2017 年 8 月 15 日进行。以人工环境管理模块为例进行说明。

测试内容:人工环境管理。

测试方法:点击菜单中"训练信息管理"下的"虚拟训练资源管理",点击"人工环境管理"。鼠标左键点击左侧或右侧某一个军事实体,在地图所需的位置点击鼠标左键,相应的实体就显示在该点。通过两次鼠标的点击确定两个端点可以部署线状的军事实体。对某一个军事实体点击鼠标右键,可以改变军事实体的方位。点击"撤销"可以还原至上一步的部署。最后点击"保存",完成人工环境管理,相应的人工环境配置数据自动上传到后台的数据库服务器中。

测试结果:可以进行人工环境管理,并自动上传到后台的数据库服务器中。

改进建议:部署军事实体比较近时,两个实体会发生碰撞,导致实体翻转,无法完成部署,建议部署时默认有一定间隔,不会相互影响。

其他模块的测试和人工环境管理模块类似,这里不再赘述,软件的使用说明书见附录 7。

第五章 战时心理虚拟训练效果评估研究

战时心理虚拟训练的效果评估,就是运用科学合理的方法,依托训练系统的效果评估功能,对训练的全过程以及最终结果,特别是受训者战时心理素质和能力的提高情况进行的综合评价。成功的效果评估工作能够及时发现训练中存在的问题,帮助组训者总结经验教训,弥补不足之处,促进训练工作不断向前发展。本章以战时心理虚拟训练的效果评估为研究对象,强调了评估工作的重要作用和基本原则,构建了综合效果评估指标体系和评估模型及个人和集体训练效果评估模型和训练效果评价。

第一节 战时心理虚拟训练效果评估的作用与原则

一、战时心理虚拟训练效果评估的作用

战时心理虚拟训练的效果评估,既是训练实践活动的重要组成部分之一,同时又对训练整体工作的完善和提高起到了十分重要的作用。

(一)增加训练的规范性

战时心理虚拟训练不能脱离训练评估这一关键环节。训练的效果评估工作能够检验训练过程的规范性以及训练目标的完成情况。通过对一些单位的走访调研,结合自身的工作经历,编者发现,很多基层单位在开展心理训练时都存在一些共同的问题。例如,在时间分配上,技战术训练和体能训练占用时间较多,心理训练时间较少甚至不做安排;在人员安排上,心理训练的参训者基本上都是伤病人员,绝大部分相对健康的人员很少参加心理训练;在训练的规范性上,大部分单位的心理训练都是重形式、轻内容,走走过场就结束,训练之后没有评估或者仅仅是口头询问受训者感受,缺少进一步的分析判断,导致训练效果成为"纸上谈兵"。科学的战时心理虚拟训练效果评估工作,不但能够对训练的质量效益做出准确衡量,

更是规范了训练的全过程,具有很强的指导作用。

(二) 突出训练的科学性

由于人的心理活动和状态具有内隐性的特征,很难被捕捉,因此,仅仅通过传统的考核评估手段很难得到科学准确的结论。战时心理虚拟训练的效果评估,必须建立在充分考虑军人战时心理素质构成的基础之上,并以此为依据选取多级多类评估指标,构建科学的评估指标体系,通过综合运用多种手段的方式,从不同角度不同侧面衡量训练效果。例如,可以借助各种医学仪器,对受训者的各项生理指标进行监测,从指标参数及其变化情况判断受训者心理状态的波动;还可以利用较为成熟的心理测试量表,帮助组训者收集受训者的心理指标参数;此外,受训者的表情、神态、动作、语言等日常行为表现,也能在一定程度上反映其心理活动。以上列举的一些判断方式都是简单可行、切实有效的办法,在实际应用中还应当继续探索其他手段,以避免评估的片面性和主观性,提高训练的科学性。

(三) 提高训练的针对性

战时心理虚拟训练的效果评估除了具有较强的科学性和规范性,还能够衡量训练全过程的方方面面,找出训练中存在的问题和不足,帮助训练参与者"对症下药",提高训练的质量效益。具体来讲,评估工作主要从以下四个方面提高训练的针对性:一是通过受训者训练成绩的变化情况,对薄弱的课目和内容进行针对性训练,促进战时心理素质均衡发展;二是利用好综合演练和实兵演习的机会,检验战时心理训练课目和内容设置是否合理完整,还存在哪些缺失和遗漏;三是通过受训者的情况反馈,查找训练组织实施过程中的问题环节,在后续训练中及时调整完善;四是通过评估结果判断受训者的心理结构是否符合作战需要,进而遴选参战人员,合理分配任务和岗位。

二、战时心理虚拟训练效果评估的原则

战时心理虚拟训练效果评估水平的高低,直接制约着训练整体工作的进展。因此,评估过程必须遵循一定的原则,尤其是评估指标体系的构建和评估模型的选择,要尽可能通过合理的方法手段完成,以保证评估结果真实可信。

(一) 科学性原则

战时心理虚拟训练的效果评估工作首先要遵循科学性原则。一是评估体系的

构建要科学。在选择评估指标时,要从战时心理素质的构成出发,尽可能选择不同类别的评估指标,从不同侧面,直接或间接地衡量训练效果。此外,还要确保指标权重的科学性。在实际应用时,每个评估指标的权重不可能完全相同,因此,就需要采用咨询专家或认知经验等方式,确定每个指标的权重比例。二是评估指标的收集要科学。不同类别的各级评估指标参数在收集时也应当区别对待,但都应当尽量选择公认的、成熟的科学方式进行收集。三是评估方法的选择要科学。针对战时心理虚拟训练效果难以量化的特点,应当选择将定量分析与定性分析相结合的评估方法,例如层次分析法、主成分分析法、模糊综合评价法等,最终得出科学、有说服力的评估结果。

(二) 客观性原则

战时心理虚拟训练的效果评估工作还应当遵循客观性原则,尽可能杜绝主观主义和经验主义。一是评估指标的选择要客观忠实。虽然人的心理活动很难全部通过量化方式直观地表现出来,但仍然可以从某些侧面间接反映。在选择评估指标时,应当按照先客观、后主观,先定量、后定性的顺序进行。即使是难以量化的指标,也要给出评定标准并划分等级,以便于横向比较,从最大程度上避免主观因素的干扰。二是评估指标的获取要尽可能地运用客观手段进行。例如,要选择应用广泛、信度和效度都较高的心理测试量表获取受训者的心理指标参数。通过座谈了解、调查问卷等手段,听取不同专家的意见,综合分析得到受训者的行为指标参数,重点参考共性认识的同时也要注意产生分歧的因素。

(三) 可操作性原则

可操作性原则指的就是,战时心理虚拟训练的效果评估工作要充分考虑到实际应用中的各种情况,尽可能做到步骤清晰、易于执行,方便评估人员快速实施。一是选择的评估指标要可获取。有些指标虽然从理论上来讲能够直接反映战时心理素质和能力水平,但很难通过一般的方法和手段获取,或者在现有条件下很难满足获取要求,因此不能作为有效的评估指标,需要重新选择或者将其进一步细化分解为便于获取的次级评估指标。二是评估结果的计算过程要可操作。尤其不能选择步骤繁琐、专业性过高、计算量巨大的评估模型,它们虽然能在一定程度上增强评估结果的准确性,但势必会造成难度大、时间长、成本高等弊端,所以也应当酌情舍弃。

第二节 战时心理虚拟训练效果评估指标体系

建立评估指标体系是开展战时心理虚拟训练效果评估工作的前提和基础。通俗地讲,指标就像是准绳和标尺,衡量着训练质量的好坏,它能够对影响训练效果的各种因素以及重要程度做出较为客观的规定和描述,使判断结论有据可依,极大提高了评估工作的科学化和规范化。如果没有具体的评估指标,战时心理虚拟训练的效果评估也就无从谈起。

然而,由于人的心理活动是一种隐含的、复杂多变的现象,不能直接加以测量,因此大大增加了评估工作的难度和复杂性。即便如此,我们依然可以利用数学、运筹学和系统工程等方法,将各级各类训练指标进行分解细化和综合运算,建立较为科学完善的战时心理虚拟训练效果评估指标体系,这样有利于增强评估的客观性和准确性。

一、评估指标的确定和获取

近似实战的训练环境会对受训者的心理活动产生巨大的影响,随之而来的是其行为、动作、表情甚至生理状态的改变。因而,战时心理虚拟训练的效果评估势必牵涉到受训者的多方面情况,本质上是一种综合性的评判过程。在开展评估工作时,针对受训者各个方面的变化,都应当提供相应的评价标准,效果评估的指标体系正是由这些标准集合而成的。科学地确定评估指标需要建立在充分研究战时心理素质的构成要素及影响因素的基础之上,并通过综合运用生理指标测量法、会谈了解法、行为观察法、结构方程建模法等手段进行采集。

结合战时心理训练的特点以及现有的研究成果,本书确定了三个一级评估指标:生理指标、心理指标、行为指标,并将每个一级指标再细化分解为五个二级指标。其中,心理指标可由生理指标来反映,生理指标可由生理监测设备进行测量,行为指标可由虚拟训练系统根据受训者完成课目情况来判定,根据访谈时专家的建议,采用客观的生理指标和系统判定的行为指标。

(一) 生理指标

生理指标指的是以受训者各种生理参数及其变化为评估依据的一类指标。实践表明,人的生理变化与心理活动密不可分,心理活动的改变会引起相应的生理变化。例如,人在紧张时会表现出呼吸困难、心跳加速、腿脚发软等生理变化,而在放松时则呼吸均匀、心跳稳定。因此,心理学家认为人的心理状态能够通过其生理状况真实地反映出来。此外,在各类评估指标中,生理指标往往是最明显、最客观、最容易获得的,这样可以在一定程度上弥补其他主观指标带来的误差。所以,对于战时心理虚拟训练的效果评估,生理指标是一项不可缺少的参考因素。

外部刺激通过人的眼、耳等感觉器官被传到大脑中枢,产生各种心理作用,然后以末梢神经系统或内分泌系统为媒介,在人体器官引起各种生理反应。[1]一般来说,心理素质较好的人,生理指标变动幅度小、恢复快;相反,心理素质较差的人,生理指标变动幅度大、恢复慢。人的生理心理学指标种类有很多,比如心率、心率变异性、呼吸频率、肌肉电、脑电、皮肤电导率。

考虑到本系统实现的可行性和便捷性,本书选取能够作为战时心理效果评估依据的三种生理指标:心率[2](HR,heart rate)、脑电(EEG,electroencephalogram)、皮肤电导率[3](GSR,galvanic skin response)。生理心理学研究指标及含义[4]如表5.1所示。

表5.1　生理心理学研究指标及含义

生理心理学指标	指标生理学含义	指标心理学含义
心率	反映控制心脏的交感神经和副交感神经的均衡性	越快表明心理越恐惧、惊慌、绝望、悲伤、愤怒,越慢表明心理越放松
脑电	反映自主神经系统中枢、情绪中枢与皮层的关系。脑电信号可以分为以下四个基本节律:δ波,健康人在睡眠时或平静时观察到此波;θ波,人体处于困倦状态时出现此波;α波,该波段与人的心情是否平静随和轻松愉快有关,忧虑和紧张会抑制α波,当人体思考问题或受刺激时则消失;β波,大脑皮层兴奋时出现,一般由忧虑和紧张引起	精神紧张和情绪激动时频率升高,心理平缓时频率正常,精神受挫或者抑郁时频率降低

---

[1] 庄达民. 人的生理特性与生理指标[J]. 家电科技,2005(1):71.
[2] 邓丽芳. 飞行员心理素质评估与训练[M]. 北京:北京大学出版社,2012:158.
[3] 由健. 皮肤电异变对心理测试技术实案应用的影响[D]. 兰州:甘肃政法学院,2013.
[4] 汪琪. 基于生理实验测量的大学生应急能力研究[D]. 西安:西安科技大学,2014.

生理心理学指标	指标生理学含义	指标心理学含义
皮肤电导率	人在安静时，在皮肤表面两点间的基础值就是皮肤电导水平值。这种水平值经常波动，个体活跃时电导水平相对增高，松弛时则相对较低。电导水平是一种评价起动能很好的参数。当人受到外界刺激处于强烈的激情状态如愤怒时，产生的瞬间、大幅度的波动就是皮肤电导反应，简称皮电反应	皮肤电导率越大表明越紧张，皮肤电导率越小说明放松程度越高

生理指标的采集一般需要借助医学手段进行。组训者可以根据训练课目和内容的特点以及评估的要求选取相应的生理指标，通过训练系统中的心电监控仪、体温传感器、呼吸感应器、脑电图仪、皮肤电测试仪等生理采集设备，实时观测受训人员的生理参数变化，进而推测其心理状态。通常来说，心理素质良好的人，生理指标变化幅度小、恢复快；反之，心理素质较差的人，生理指标变化幅度大、恢复慢。组训者可以通过分析受训者每次训练前后或不同情境下各项生理指标的变化趋势，来评估训练效果的好坏。

（二）心理指标

当前，军事心理学界对于"军人心理素质构成"的讨论还众说纷纭，既有"18要素"[①]的观点，也有"五大维度"（聪慧、忠诚、勇敢、自信、耐挫）[②]的说法。毋庸置疑，军人的"战时心理素质构成"与一般的"心理素质构成"有一定的联系，但也存在差异。研究"战时心理素质构成"必须牢牢把握住"战时"这一核心词汇，将军人作战过程中不可或缺的心理素质和能力突出出来。通过对战时心理训练内容的分析研究，本书将心理指标划分为战时心理适应力、战时心理承受力、战时心理耐力、战时心理恢复力、战时心理活力五个二级指标。

心理指标与生理指标有着显著的差异，无法通过仪器测量的方式直接定量采集。在评估过程中，一般采用心理测试量表法获取。"常用心理测试量表一般包括智力测试、人格测试、心理与行为问题评估测试和应激及相关问题评估测试四种类型。"[③]例如，心理症状自评量表（SCL-90）、抑郁自评量表（SDS）、焦虑自评量表（SAS）等。但适用于战时心理训练的量表还不够丰富，其信度和效度也存在疑问。因此，在实际应用时，需要科学拟制具有较强专业性和针对性的各类心理测验量

---

① 王择青，武国城. 军人心理素质概念外延结构的初步调查研究[J]. 解放军医学杂志，2003，28(7)：3.

② 冯正直，廖雅琴. 军人心理素质概念与结构的研究[J]. 解放军医学杂志，2007，28(8)：4.

③ 于家洋，王海生. 军队基层心理服务工作理论与实践[M]. 沈阳：白山出版社，2013：128.

表,从不同角度间接获取受训者的战时心理指标。此外,为了增加指标的准确性和客观性,还要通过训练系统的监控功能,采取行为观察法辅助进行。组训者在训练过程中可以及时掌握受训人员的行为、动作、表情等训练反应,及时发现其暴露的心理弱点并进行相应调控。因此,借助战时心理虚拟训练系统,可以更好地使用观察法来进行训练效果评估,其准确性也较高。

(三) 行为指标

缺乏实战经验的受训者在参加战时心理虚拟训练时,不可避免地会产生较大的心理压力和负面情绪,这必然会影响到其训练中的动作、表情、语言等行为反应,对于心理素质较差的受训者,这种情况会持续到训练后很长一段时间,甚至影响其日常生活。鉴于此,除了通过受训者的生理、心理指标科学分析训练效果外,还可以从其行为表现入手,进一步完善战时心理虚拟训练的评估指标体系。根据军人职业的特殊性和军营生活的特点,可将行为指标划分为训练中的反应(肢体动作、面部表情、语言表达等)、训练动作(熟练性、准确性等)、训练成绩、军营日常生活状态等。具体的行为指标应根据需要,结合战时心理训练内容,在明确目标行为和相应心理活动之间关系的前提下,对需要考查的心理素质和能力进行定义。

行为指标主要通过行为观察法来收集数据。组训者可以利用战时心理虚拟训练系统的训练记录功能对受训者的动作、神态、表情等训练反应进行实时监控或录像回放,并以此为依据对受训者的行为进行初步评判。还可通过访谈的方式,向受训者的领导、战友等"身边人"询问对其近期日常生活、学习、训练的评价,了解和掌握战时心理训练对受训者造成了何种程度的影响,进一步获取行为指标参数。

以上三类一级指标从不同角度描述了受训者的战时心理素质和能力水平,能够较为全面客观地评价训练效果的好坏。在实际的评估过程中,应尽可能将三类指标参数收集齐全,综合评判。应当注意的是,这三类指标之间存在着一定的相关性和一致性。例如,在经过多次战时心理适应力训练后,受训者对战场环境已有了一定的了解,内心的恐惧、焦虑等负面情绪逐步降低,对自身的主观评价逐步提高,在评估时,受训者的心理测验成绩会呈现出上升趋势,与之相对应的各项生理指标也应当随着训练的深入趋于平稳状态,其行为方面则会表现得更为自然放松,在日常的训练、生活中也会更加自信。因此,如果训练达到了预期效果,这三类指标应当是协调统一的,一旦出现明显的不协调甚至相反的情况,则意味着训练中的某个环节出现了问题,需要进一步分析和查找原因。

二、虚拟训练效果评估指标体系构建

战时心理虚拟训练的效果评估是采用定量分析的方法,对受训者心理素质提高的综合评价。评估过程中需要合理确定构成心理训练效果评估的指标体系。

(一) 个体战时心理虚拟训练效果评估指标体系

在研究战时心理素质的构成要素和评估指标的基础上,本书个体战时心理素质确定了五个一级评估指标:适应力、承受力、耐力、恢复力、活力。并将每个一级指标细化分解为四个二级测量指标。适应力对应的二级指标有适应力心率、适应力脑电、适应力皮肤电导率、适应力课目得分;承受力对应的二级指标有承受力心率、承受力脑电、承受力皮肤电导率、承受力课目得分;耐力对应的二级指标有耐力心率、耐力脑电、耐力皮肤电导率、耐力课目得分;恢复力对应的二级指标有恢复力心率、恢复力脑电、恢复力皮肤电导率、恢复力课目得分;活力对应的二级指标有活力心率、活力脑电、活力皮肤电导率、活力课目得分,如图5.1所示。

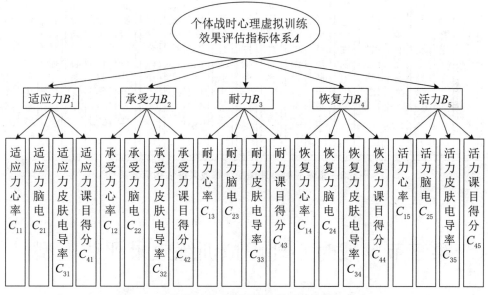

图5.1 个体战时心理虚拟训练效果评估指标体系

(二) 集体战时心理虚拟训练效果评估指标体系

集体战时心理素质的构成要素也是五个一级评估指标:指挥员战时心理素质、环境适应性、行动协同性、情感凝聚性、人际沟通性,其中后四个指标是针对战斗员评估的。将每个一级指标细化分解为四个二级测量指标。指挥员战时心理素质对应的二级指标有指挥员心率、指挥员脑电、指挥员皮肤电导率、指挥员课目得分;环境适应性对应的二级指标有环境适应性心率、环境适应性脑电、环境适应性皮肤电导率、环境适应性课目得分;行动协同性对应的二级指标有行动协同性心率、行动协同性脑电、行动协同性皮肤电导率、行动协同性课目得分;情感凝聚性对应的二级指标有情感凝聚性心率、情感凝聚性脑电、情感凝聚性皮肤电导率、情感凝聚性课目得分;人际沟通性对应的二级指标有人际沟通性心率、人际沟通性脑电、人际沟通性皮肤电导率、人际沟通性课目得分,如图5.2所示。

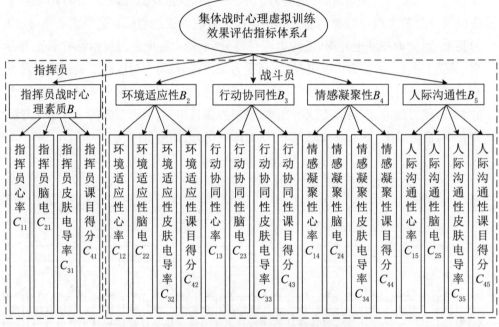

图5.2 集体战时心理虚拟训练效果评估指标体系

第三节 战时心理虚拟训练效果评估模型

在战时心理虚拟训练效果评估过程中,除了要科学地构建完善合理的评估指标体系外,还应当选择恰当的评估方法,确定综合效果评估模型,将采集的各类指标参数通过定量与定性分析,最终给出训练成绩和等级评定。

一、评估方法选择

战时心理虚拟训练效果评估是一项复杂的系统工程,涉及诸多影响因素,因此,在选择评估方法时一定要具有很强的综合性;此外,由于指标的多层次性和模糊性,有些指标可以进行量化,有些则难以量化,只能通过语言描述给出定性的评定,因此决定了评估方法也应当具有模糊性。

基于以上原因,本书采用基于层次分析法的模糊综合评价的方法,对战时心理虚拟训练效果进行综合评估。模糊综合评价法是根据模糊数学的隶属度理论,把定性评价转化为定量评价的一种方法,即应用模糊关系合成原理,将边界不清、不易定量的因素定量化,从而实现综合评价。该方法对处理非数字化、模糊意义的问题具有独到之处。[①]利用模糊综合评价法进行训练效果评估,可以做到定性与定量相结合,对指标体系内不易量化的各项指标做出不同程度的模糊描述。通过模糊数学方法进行计算,可得到定量的综合评价结果,并可将得到的定量结果再转化为定性的语言描述。[②]

二、一般评估模型的建立

利用模糊综合评价法建立评估模型,需要按照一定的步骤进行。首先根据已有的指标体系建立因素集;其次对各项指标进行分级评价,建立评价集;再次通过一定的方法确定各指标权重,建立评估指标权向量;最后根据具体情况将因素集、评价集和权向量代入模糊综合评价的数学模型中,通过矩阵运算和分析,得出较为客观的评估结果,以下为详细步骤。

(一)建立因素集

将一级指标的三个因素生理指标、心理指标、行为指标分别记为u_1,u_2,u_3,可以得到因素集为

$$U=\{u_1,u_2,u_3\}$$

将生理指标u_1下的二级指标心率、呼吸、皮肤温度、皮肤电、脑电分别记为u_{11},$u_{12},u_{13},u_{14},u_{15}$,可以得到因素集为

[①] 彭叶.基于模糊综合评价法的营区建筑节能改造效益评价研究[J].海军工程技术,2015(1):17-19.
[②] 张庆海,刘正新.基于模糊综合评价法的军队后勤保障力研究[J].军事经济学院学报,2014,21(2):42.

$$U_1 = \{u_{11}, u_{12}, u_{13}, u_{14}, u_{15}\}$$

将心理指标u_2下的二级指标战时心理适应力、战时心理承受力、战时心理耐力、战时心理恢复力、战时心理活力分别记为$u_{21}, u_{22}, u_{23}, u_{24}, u_{25}$,可以得到因素集为

$$U_2 = \{u_{21}, u_{22}, u_{23}, u_{24}, u_{25}\}$$

将行为指标u_3下的二级指标训练反应、训练动作、训练成绩、日常生活状态、领导和战友评价分别记为$u_{31}, u_{32}, u_{33}, u_{34}, u_{35}$,可以得到因素集为

$$U_3 = \{u_{31}, u_{32}, u_{33}, u_{34}, u_{35}\}$$

(二)建立评价集

"评价因素集是指由影响考核对象的所有因素所构成的集合。"[1]从根本上说,模糊综合评价法的实质就是在综合考量各种影响因素的基础上,从评价集中选择最佳的评价结果。具体到战时心理虚拟训练的效果评估中,本书选择五级制的评判标准,即"好、较好、一般、较差、差",并分别记为v_1, v_2, v_3, v_4, v_5,可得评价集为

$$V = \{v_1, v_2, v_3, v_4, v_5\}$$

(三)建立评估指标权向量

一般来说,各个评价因素的重要性往往是不尽相同的,因此,在实际评估过程中必须要计算每项评估指标的权重。目前,已有包括专家咨询法、专家排序法、最大熵法、层次分析法、局部变量法、相关系数法[2]等多种确定权重的方法,实际评估中可以根据问题的复杂性和实际需要选择一种或多种方法确定权重。

具体到战时心理虚拟训练的效果评估中,由于问题本身的复杂程度较高,加之各级各类评估指标大多只能依靠定性的方式获得,因此本书选择专家咨询法来确定权重,以尽可能地排除人为主观因素的干扰。在实施过程中,首先应通过匿名方式选取五名以上军事心理学专家组成评定组,由每位专家对3个一级指标和15个二级指标进行权重打分,并构建判断矩阵。需要注意的是,每位专家在知识背景、经验阅历、习惯偏好等方面不可能完全相同,必然会导致不同专家在对同一项指标的权重进行确定时,存在一定程度的分歧,因此第二步要综合评判每位专家的权重和话语权。由于专家之间的主观认知差异性不可能完全消除,给出的评价矩阵也就不可避免地会有片面性,难以满足一致性的要求,因此还需要对所得的评价矩阵进行调整。最后,在反复多次征求专家评定组的意见后,将整理汇总的结果经过一系列的分析、计算和调整,在综合大多数专家意见与判断的基础之上,对各指标权

---

[1] 张广峰,薛建高. 模糊综合评价在教员队伍考核中的研究与应用[J]. 士官教育,2014(2):39-43.
[2] 杜金环,彭霞. 软件质量模糊综合评价模型与实例分析[J]. 信息技术,2014(7):64.

重做出合理估算。

假如算得生理指标 u_1 的权重为 w_1，心理指标 u_2 的权重为 w_2，行为指标 u_3 的权重为 w_3，并依此类推各二级指标权重，可得一级指标权向量为

$$W = \{w_1, w_2, w_3\} = \{0.30, 0.40, 0.30\}$$

二级指标权向量为

$$W_1 = \{w_{11}, w_{12}, w_{13}, w_{14}, w_{15}\} = \{0.26, 0.22, 0.15, 0.11, 0.25\}$$

$$W_2 = \{w_{21}, w_{22}, w_{23}, w_{24}, w_{25}\} = \{0.27, 0.21, 0.13, 0.16, 0.23\}$$

$$W_3 = \{w_{31}, w_{32}, w_{33}, w_{34}, w_{35}\} = \{0.28, 0.20, 0.19, 0.18, 0.15\}$$

（四）建立单因素评价矩阵

鉴于两级模糊综合评价的过程较为繁琐，占用篇幅较大，因此以下步骤选用具有代表性的一级模糊综合评价为例进行数学建模示范。首先需要建立单因素评价矩阵 R，它代表了从 U 到 V 的一种模糊关系，表示评估指标元素对评价集元素的隶属度。例如，r_{mnj} 表示一级评估指标 u_m 中第 n 个二级评估指标 u_{mn} 对评价集中元素 v_j 的隶属度。

在战时心理虚拟训练评估指标体系中，每个一级评估指标下都包含5个二级评估指标，且评价集元素也为5个，因此，每个单因素评价矩阵都是一个5×5的矩阵，表示为

$$R_m = \begin{bmatrix} r_{m11} & r_{m12} & r_{m13} & r_{m14} & r_{m15} \\ r_{m21} & r_{m22} & r_{m23} & r_{m24} & r_{m25} \\ r_{m31} & r_{m32} & r_{m33} & r_{m34} & r_{m35} \\ r_{m41} & r_{m42} & r_{m43} & r_{m44} & r_{m45} \\ r_{m51} & r_{m52} & r_{m53} & r_{m54} & r_{m55} \end{bmatrix} \tag{5.1}$$

（五）一级模糊综合评价

为了能够准确地表现出所有因素的综合影响，需要对上一个步骤中所得到的单因素评价矩阵作用以相对应的权向量，得到一级模糊综合评价向量 B。本例中，权向量 W 由专家评定组给出，将其代入一级模糊综合评价数学模型中计算可得

$$B_m = W_m \cdot R_m = (w_{m1}, w_{m2}, w_{m3}, w_{m4}, w_{m5})$$

$$= \begin{bmatrix} r_{m11} & r_{m12} & r_{m13} & r_{m14} & r_{m15} \\ r_{m21} & r_{m22} & r_{m23} & r_{m24} & r_{m25} \\ r_{m31} & r_{m32} & r_{m33} & r_{m34} & r_{m35} \\ r_{m41} & r_{m42} & r_{m43} & r_{m44} & r_{m45} \\ r_{m51} & r_{m52} & r_{m53} & r_{m54} & r_{m55} \end{bmatrix} \quad (5.2)$$

即

$$B_m = (b_{m1}, b_{m2}, b_{m3}, b_{m4}, b_{m5})$$

这里的 $b_{m1}, b_{m2}, b_{m3}, b_{m4}, b_{m5}$ 就称之为模糊综合评价指标。在合成权向量和单因素评价矩阵时，有多种评价模型可供选择，本例选用 $M(\cdot, \oplus)$ 算子[①]，即

$$b_j = \min\left\{1, \sum_{i=1}^{m} a_i r_{ij}\right\} \quad (5.3)$$

（六）确定评价结果

最后，要根据模糊综合评价指标确定评价结果，它是由评价准则决定的。现有的评价准则有最大隶属原则、置信度原则、最小代价原则等，本例选用最大隶属原则作为评价准则，也就是选取最大的综合评价指标 $\max(b_{m1}, b_{m2}, b_{m3}, b_{m4}, b_{m5})$ 所对应的评价集中的元素 v_j 为最终评价结果。

需要明确的是，以上得出的评价结果只是针对某个单因素 u_m 进行的一级模糊综合评价，在实际的评估中，还需要对多个一级模糊综合评价结果进行后续计算，通过两级模糊综合评价的方式得到最终结果，即战时心理虚拟训练效果的等级。

三、个体虚拟训练效果评估模型

评估个体虚拟训练效果思路如下：
（1）确定二级指标值。生理数据通过监测设备测量，课目得分由虚拟训练系统进行确定。
（2）确定各指标的权重。包括5个一级指标的权重和所属的20个二级指标的权重，通过层次分析法确定。
（3）确定个体虚拟训练效果模型。该模型由指标值和权重进行整体计算。

（一）二级指标值的确定

个体虚拟训练效果评估的二级指标值如表5.2所示。

---

① 沈继红，付肖燕. 模糊综合评估模型的改进[J]. 模糊系统与数学，2011，25(3):130.

表5.2 个体虚拟训练效果评估的二级指标值

指标名称	计算方法	取值范围	指标含义	测量方法	测量时机
适应力心率	$C_{11}=V_{HR}$	0~1	值越小表示越紧张,值越大表示越不紧张	监测设备测量	受训者进行个体战时心理适应力虚拟训练课目时测量
适应力脑电	$C_{21}=V_{EEG}$		值越小表示精神越疲劳,值越大表示精神越不疲劳	监测设备测量	
适应力皮肤电导率	$C_{31}=V_{GSR}$		值越小表示越紧张,值越大表示越不紧张		
适应力课目得分	C_{41}		值越小课目完成度越差,值越大课目完成度越好	虚拟训练系统根据完成课目情况确定	
承受力心率	$C_{12}=V_{HR}$		值越小表示越紧张,值越大表示越不紧张	监测设备测量	受训者进行个体战时心理承受力虚拟训练课目时测量
承受力脑电	$C_{22}=V_{EEG}$		值越小表示精神越疲劳,值越大表示精神越不疲劳		
承受力皮肤电导率	$C_{32}=V_{GSR}$		值越小表示越紧张,值越大表示越不紧张		
承受力课目得分	C_{42}		值越小课目完成度越差,值越大课目完成度越好	虚拟训练系统根据完成课目情况确定	
耐力心率	$C_{13}=V_{HR}$		值越小表示越紧张,值越大表示越不紧张	监测设备测量	受训者进行个体战时心理耐力虚拟训练课目时测量
耐力脑电	$C_{23}=V_{EEG}$		值越小表示精神越疲劳,值越大表示精神越不疲劳		
耐力皮肤电导率	$C_{33}=V_{GSR}$		值越小表示越紧张,值越大表示越不紧张		
耐力课目得分	C_{43}		值越小课目完成度越差,值越大课目完成度越好	虚拟训练系统根据完成课目情况确定	
恢复力心率	$C_{14}=V_{HR}$		值越小表示越紧张,值越大表示越不紧张	监测设备测量	受训者进行个体战时心理恢复力虚拟训练课目时测量
恢复力脑电	$C_{24}=V_{EEG}$		值越小表示精神越疲劳,值越大表示精神越不疲劳		

续表

指标名称	计算方法	取值范围	指标含义	测量方法	测量时机
恢复力皮肤电导率	$C_{34}=V_{GSR}$		值越小表示越紧张,值越大表示越不紧张		
恢复力课目得分	C_{44}		值越小课目完成度越差,值越大课目完成度越好	虚拟训练系统根据完成课目情况确定	
活力心率	$C_{15}=V_{HR}$		值越小表示越紧张,值越大表示越不紧张		受训者进行个体战时心理活力虚拟训练课目时测量
活力脑电	$C_{25}=V_{EEG}$		值越小表示精神越疲劳,值越大表示精神越不疲劳	监测设备测量	
活力皮肤电导率	$C_{35}=V_{GSR}$		值越小表示越紧张,值越大表示越不紧张		
活力课目得分	C_{45}		值越小课目完成度越差,值越大课目完成度越好	虚拟训练系统根据完成课目情况确定	

备注:V_{HR},V_{EEG},V_{GSR}分别表示心率值、脑电值、皮肤电导率值,由监测设备采集数值后,经过计算得出,具体公式在系统设计时讨论

(二) 确定各指标的权重

权重计算方法有很多,如层次分析法、模糊综合评价法,根据本课题的特点,其指标值可以通过测量或计算得出,因此采用层次分析法计算权重。

具体而言应用层次分析法的思路如下[1]:

(1) 根据问题的性质和目标将问题分解成各个组成因素。
(2) 根据因素之间的相互影响和隶属关系建立问题的层次结构模型。
(3) 定量描述模型中各层次因素的相对重要性,并确定其权值。
(4) 综合计算因素相对重要性的组合权值,作为评价的依据。

以下为详细步骤[2]。

1. 构建层次结构模型

个体战时心理虚拟训练效果为目标层A。

将一级指标的五个因素适应力、承受力、耐力、恢复力、活力分别记为B_1,B_2,B_3,B_4,B_5,对应的权重为b_1,b_2,b_3,b_4,b_5,得到准则层B。

---
[1] 周德群.系统工程概论[M].北京:科学出版社,2007:212.
[2] 周泉兴,陈永科,杨修顺.军事训练研究方法[M].北京:解放军出版社,2015:191-195.

第五章 战时心理虚拟训练效果评估研究

将适应力B_1下的二级指标适应力心率、适应力脑电、适应力皮肤电导率、适应力课目得分分别记为C_{11}，C_{21}，C_{31}，C_{41}，对应的权重为c_{11}，c_{21}，c_{31}，c_{41}。

将承受力B_2下的二级指标承受力心率、承受力脑电、承受力皮肤电导率、承受力课目得分分别记为C_{12}，C_{22}，C_{32}，C_{42}，对应的权重为c_{12}，c_{22}，c_{32}，c_{42}。

将耐力B_3下的二级指标耐力心率、耐力脑电、耐力皮肤电导率、耐力课目得分分别记为C_{13}，C_{23}，C_{33}，C_{43}，对应的权重为c_{13}，c_{23}，c_{33}，c_{43}。

将恢复力B_4下的二级指标恢复力心率、恢复力脑电、恢复力皮肤电导率、恢复力课目得分分别记为C_{14}，C_{24}，C_{34}，C_{44}，对应的权重为c_{14}，c_{24}，c_{34}，c_{44}。

将活力B_5下的二级指标活力心率、活力脑电、活力皮肤电导率、活力课目得分分别记为C_{15}，C_{25}，C_{35}，C_{45}，对应的权重为c_{15}，c_{25}，c_{35}，c_{45}。

综上，得到子准则层C，如图5.2所示。

2. 构造判断矩阵

按照1-9标度法，经由20名专家进行指标的重要性排序，平均值如表5.3所示。

表5.3 个体战时心理虚拟训练效果评估指标排序调查结果平均值

指标	1-9标度
一级	适应力(6.4)，承受力(8.7)，耐力(1.4)，恢复力(5.1)，活力(3.4)
二级	适应力心率(2.8)，适应力脑电(1.4)，适应力皮肤电导率(6.9)，适应力课目得分(4.9)
	承受力心率(2.9)，承受力脑电(1.3)，承受力皮肤电导率(5)，承受力课目得分(6.8)
	耐力心率(3)，耐力脑电(1.3)，耐力皮肤电导率(4.9)，耐力课目得分(6.8)
	恢复力心率(2.6)，恢复力脑电(1.4)，恢复力皮肤电导率(5.4)，恢复力课目得分(6.6)
	活力心率(2.5)，活力脑电(1.4)，活力皮肤电导率(5.4)，活力课目得分(6.7)

根据调查结果，按照1-9标度法，排序结果为：

一级指标适应力为7，承受力为9，耐力为1，恢复力为5，活力为3。

适应力B_1下的二级指标适应力心率为3，适应力脑电为1，适应力皮肤电导率为7，适应力课目得分为5。

承受力B_2下的二级指标承受力心率为3，承受力脑电为1，承受力皮肤电导率为5，承受力课目得分为7。

耐力B_3下的二级指标耐力心率为3，耐力脑电为1，耐力皮肤电导率为5，耐力课目得分为7。

恢复力B_4下的二级指标恢复力心率为3，恢复力脑电为1，恢复力皮肤电导率为5，恢复力课目得分为7。

活力B_5下的二级指标活力心率为3，活力脑电为1，活力皮肤电导率为5，活力课目得分为7。

然后两两比较,构造判断矩阵,如判断矩阵B:

$$B = \begin{pmatrix} \dfrac{w_1}{w_1} & \dfrac{w_1}{w_2} & \cdots & \dfrac{w_1}{w_n} \\ \dfrac{w_2}{w_1} & \dfrac{w_2}{w_2} & \cdots & \dfrac{w_2}{w_n} \\ \vdots & \vdots & & \vdots \\ \dfrac{w_n}{w_1} & \dfrac{w_n}{w_2} & \cdots & \dfrac{w_n}{w_n} \end{pmatrix} \tag{5.4}$$

其中,w_i表示重要程度。根据专家评判指标相对重要性的结果,构造的B层、C层的判断矩阵如下:

$$B = \begin{pmatrix} 1 & \dfrac{1}{3} & 7 & 3 & 5 \\ 3 & 1 & 9 & 5 & 7 \\ \dfrac{1}{7} & \dfrac{1}{9} & 1 & \dfrac{1}{5} & \dfrac{1}{3} \\ \dfrac{1}{3} & \dfrac{1}{5} & 5 & 1 & 3 \\ \dfrac{1}{5} & \dfrac{1}{7} & 3 & \dfrac{1}{3} & 1 \end{pmatrix}$$

$$C_1 = \begin{pmatrix} 1 & 3 & \dfrac{1}{5} & \dfrac{1}{3} \\ \dfrac{1}{3} & 1 & \dfrac{1}{7} & \dfrac{1}{5} \\ \dfrac{1}{5} & 7 & 1 & 3 \\ 3 & 5 & \dfrac{1}{3} & 1 \end{pmatrix}, \quad C_2 = \begin{pmatrix} 1 & 3 & \dfrac{1}{3} & \dfrac{1}{5} \\ \dfrac{1}{3} & 1 & \dfrac{1}{5} & \dfrac{1}{7} \\ 3 & 5 & 1 & 3 \\ 5 & 7 & \dfrac{1}{3} & 1 \end{pmatrix} \tag{5.5}$$

$$C_3 = \begin{pmatrix} 1 & 3 & \dfrac{1}{3} & \dfrac{1}{5} \\ \dfrac{1}{3} & 1 & \dfrac{1}{5} & \dfrac{1}{7} \\ 3 & 5 & 1 & 3 \\ 5 & 7 & \dfrac{1}{3} & 1 \end{pmatrix}, \quad C_4 = \begin{pmatrix} 1 & 3 & \dfrac{1}{3} & \dfrac{1}{5} \\ \dfrac{1}{3} & 1 & \dfrac{1}{5} & \dfrac{1}{7} \\ 3 & 5 & 1 & 3 \\ 5 & 7 & \dfrac{1}{3} & 1 \end{pmatrix}, \quad C_5 = \begin{pmatrix} 1 & 3 & \dfrac{1}{3} & \dfrac{1}{5} \\ \dfrac{1}{3} & 1 & \dfrac{1}{5} & \dfrac{1}{7} \\ 3 & 5 & 1 & 3 \\ 5 & 7 & \dfrac{1}{3} & 1 \end{pmatrix}$$

3. 层次单排序

借助Matlab软件计算判断矩阵B的最大特征根$\lambda_{\max}$及其对应的特征向量W,即对判断矩阵B满足$BW = \lambda_{\max}W$,W的分量W_i即是相应因素单排序权值,然后进行归一化处理,计算结果如表5.4所示。

表5.4 判断矩阵的特征根及其对应的特征向量

判断矩阵	最大特征根	特征向量	归一化处理后各指标的权重
B	5.23748	$[0.440056, 0.862972, 0.0560971, 0.217044, 0.106651]^T$	$[b_1, b_2, b_3, b_4, b_5] =$ $[0.2615, 0.5128, 0.0333, 0.1290, 0.0634]$
C_1	4.11698	$[0.184675, 0.086889, 0.887992, 0.412087]^T$	$[c_{11}, c_{21}, c_{31}, c_{41}] =$ $[0.1175, 0.0553, 0.5650, 0.2622]$
C_2	4.11698	$[0.184675, 0.086889, 0.412087, 0.887992]^T$	$[c_{12}, c_{22}, c_{32}, c_{42}] =$ $[0.1175, 0.0553, 0.2622, 0.5650]$
C_3	4.11698	$[0.184675, 0.086889, 0.412087, 0.887992]^T$	$[c_{13}, c_{23}, c_{33}, c_{43}] =$ $[0.1175, 0.0553, 0.2622, 0.5650]$
C_4	4.11698	$[0.184675, 0.086889, 0.412087, 0.887992]^T$	$[c_{14}, c_{24}, c_{34}, c_{44}] =$ $[0.1175, 0.0553, 0.2622, 0.5650]$
C_5	4.11698	$[0.184675, 0.086889, 0.412087, 0.887992]^T$	$[c_{15}, c_{25}, c_{35}, c_{45}] =$ $[0.1175, 0.0553, 0.2622, 0.5650]$

4. 判断矩阵一致性检验

检验矩阵的一致性,需要计算它的一致性指标CI,公式为$CI = \dfrac{\lambda_{\max} - n}{n - 1}$。当判断矩阵具有完全一致性时,$CI=0$。$\lambda_{\max} - n$越大,$CI$越大,矩阵的一致性越差。为了检验判断矩阵是否具有满意的一致性,需要将CI与平均随机一致性指标RI进行比较。对于1-9阶矩阵,RI如表5.5所示。

表5.5 平均随机一致性指标RI值

n	1	2	3	4	5	6	7	8	9
RI	0	0	0.58	0.90	1.12	1.24	1.32	1.41	1.45

计算判断矩阵的随机一致性指标CR,$CR = \dfrac{CI}{RI}$。当$CR<0.10$时,则认为判断矩阵的一致性是可以接受的;否则就认为初步建立的判断矩阵是不能令人满意的,需要重新赋值,对判断矩阵做适当的修正,直到一致性检验通过为止。

经过计算,判断矩阵B的$CI=0.05937$,$CR=0.053<0.10$,判断矩阵C_1, C_2, C_3, C_4, C_5的$CI=0.03899$,$CR=0.0433<0.10$,均通过一致性检验。

5. 层次总排序

层次总排序是利用层次单排序的结果,计算针对上一层次而言本层次所有因素重要性的权值。层次总排序的计算是从下到上逐层进行的,对于最高层下面的第二层,其层次单排序即为总排序。

B 层包含 B_1, B_2, B_3, B_4, B_5 共 5 个因素,它们的层次总排序权重分别为 b_1, b_2, b_3, b_4, b_5。C 层包含 20 个因素 $C_{ij}, i=1,2,3,4,5, j=1,2,3,4$,它们关于 B_i 的层次单排序权重分别为 c_{ij}。现求 C 层中各因素关于总目标的权重,即求 C 层各因素的层次总排序权重 c'_{ij},公式为 $c'_{ij}=c_{ij}b_j$。

经计算,$c'_{11}=0.0307, c'_{21}=0.0145, c'_{31}=0.1477, c'_{41}=0.0686, c'_{12}=0.0603, c'_{22}=0.0284, c'_{32}=0.1345, c'_{42}=0.2897, c'_{13}=0.0039, c'_{23}=0.0018, c'_{33}=0.0087, c'_{43}=0.0188, c'_{14}=0.0152, c'_{24}=0.0071, c'_{34}=0.0338, c'_{44}=0.0729, c'_{15}=0.0074, c'_{25}=0.0035, c'_{35}=0.0166, c'_{45}=0.0358$。

6. 总排序一致性检验

对层次总排序也需由高层到低层逐层做一致性检验。因为虽然各层次均已经过层次单排序的一致性检验,各成对比较判断矩阵都已具有较为满意的一致性,但当综合考查时,各层次的非一致性有可能积累,引起最终分析结果的非一致性。设 C 层中与 B_i 相关的因素的成对比较判断矩阵在单排序中经一致性检验,求得单排序一致性指标为 $CI(j)$,相应的平均随机一致性指标为 $RI(j)$,则 C 层总排序随机一致性比例为

$$CR = \frac{\sum_{j=1}^{5} CI(j)b_j}{\sum_{j=1}^{5} RI(j)b_j}$$

当 $CR < 0.10$ 时,认为层次总排序结果具有较满意的一致性并接受该分析结果。经计算,$CR = 0.0433 < 0.10$,通过一致性检验。

(三) 确定个体虚拟训练效果模型

该模型由指标值和权重进行整体计算,计算公式分别如下。

适应力:

$$B_1 = \sum_{i=1}^{4} c_{i1}C_{i1} = c_{11}C_{11} + c_{21}C_{21} + c_{31}C_{31} + c_{41}C_{41} \tag{5.6}$$

承受力:

$$B_2 = \sum_{i=1}^{4} c_{i2}C_{i2} = c_{12}C_{12} + c_{22}C_{22} + c_{32}C_{32} + c_{42}C_{42} \tag{5.7}$$

耐力:

$$B_3 = \sum_{i=1}^{4} c_{i3}C_{i3} = c_{13}C_{13} + c_{23}C_{23} + c_{33}C_{33} + c_{43}C_{43} \tag{5.8}$$

恢复力:

$$B_4 = \sum_{i=1}^{4} c_{i4}C_{i4} = c_{14}C_{14} + c_{24}C_{24} + c_{34}C_{34} + c_{44}C_{44} \quad (5.9)$$

活力：

$$B_5 = \sum_{i=1}^{4} c_{i5}C_{i5} = c_{15}C_{15} + c_{25}C_{25} + c_{35}C_{35} + c_{45}C_{45} \quad (5.10)$$

个体战时心理虚拟训练效果：

$$A = \sum_{i=1}^{5} b_i B_i = b_1 B_1 + b_2 B_2 + b_3 B_3 + b_4 B_4 + b_5 B_5 \quad (5.11)$$

四、集体虚拟训练效果评估模型

（一）二级指标值的确定

集体虚拟训练效果评估的二级指标值如表5.6所示。

表5.6 集体虚拟训练效果评估的二级指标值

指标名称	计算方法	公式含义	测量时机
指挥员心率	$C_{11} = V_{HR} = \sum_{i=1}^{m}(V_{HR})_i \Big/ m$	指挥员参加集体战时心理虚拟训练课目中心率的平均值，m 为参加课目的数量	指挥员进行集体战时心理虚拟训练课目时测量
指挥员脑电	$C_{21} = V_{EEG} = \sum_{i=1}^{m}(V_{EEG})_i \Big/ m$	指挥员参加集体战时心理虚拟训练课目中脑电的平均值，m 为参加课目的数量	
指挥员皮肤电导率	$C_{31} = V_{GSR} = \sum_{i=1}^{m}(V_{GSR})_i \Big/ m$	指挥员参加集体战时心理虚拟训练课目中皮肤电导率的平均值，m 为参加课目的数量	
指挥员课目得分	$C_{41} = \sum_{i=2}^{m+1} C_{4i} \Big/ m$	指挥员参加集体战时心理虚拟训练课目中课目得分的平均值，m 为参加课目的数量	
环境适应性心率	$C_{12} = V_{HR} = \sum_{i=1}^{n}(V_{HR})_i \Big/ n$	战斗员参加集体战时环境适应性心理虚拟训练课目中心率的平均值，n 为战斗员的数量	战斗员进行集体战时环境适应性心理虚拟训练课目时测量
环境适应性脑电	$C_{22} = V_{EEG} = \sum_{i=1}^{n}(V_{EEG})_i \Big/ n$	战斗员参加集体战时环境适应性心理虚拟训练课目中脑电的平均值，n 为战斗员的数量	

续表

指标名称	计算方法	公式含义	测量时机
环境适应性皮肤电导率	$C_{32}=V_{\mathrm{GSR}}=\sum_{i=1}^{n}(V_{\mathrm{GSR}})_i/n$	战斗员参加集体战时环境适应性心理虚拟训练课目中皮肤电导率的平均值,n为战斗员的数量	
环境适应性课目得分	C_{42}	战斗员参加集体战时环境适应性心理虚拟训练课目中课目得分,课目得分是对整个集体的打分	
行动协同性心率	$C_{13}=V_{\mathrm{HR}}=\sum_{i=1}^{n}(V_{\mathrm{HR}})_i/n$	战斗员参加集体战时行动协同性心理虚拟训练课目中心率的平均值,n为战斗员的数量	战斗员进行集体战时行动协同性心理虚拟训练课目时测量
行动协同性脑电	$C_{23}=V_{\mathrm{EEG}}=\sum_{i=1}^{n}(V_{\mathrm{EEG}})_i/n$	战斗员参加集体战时行动协同性心理虚拟训练课目中脑电的平均值,n为战斗员的数量	
行动协同性皮肤电导率	$C_{33}=V_{\mathrm{GSR}}=\sum_{i=1}^{n}(V_{\mathrm{GSR}})_i/n$	战斗员参加集体战时行动协同性心理虚拟训练课目中皮肤电导率的平均值,n为战斗员的数量	
行动协同性课目得分	C_{43}	战斗员参加集体战时行动协同性心理虚拟训练课目中课目得分,课目得分是对整个集体的打分	
情感凝聚性心率	$C_{14}=V_{\mathrm{HR}}=\sum_{i=1}^{n}(V_{\mathrm{HR}})_i/n$	战斗员参加集体战时情感凝聚性心理虚拟训练课目中心率的平均值,n为战斗员的数量	战斗员进行集体战时情感凝聚性心理虚拟训练课目时测量
情感凝聚性脑电	$C_{24}=V_{\mathrm{EEG}}=\sum_{i=1}^{n}(V_{\mathrm{EEG}})_i/n$	战斗员参加集体战时情感凝聚性心理虚拟训练课目中脑电的平均值,n为战斗员的数量	
情感凝聚性皮肤电导率	$C_{34}=V_{\mathrm{GSR}}=\sum_{i=1}^{n}(V_{\mathrm{GSR}})_i/n$	战斗员参加集体战时情感凝聚性心理虚拟训练课目中皮肤电导率的平均值,n为战斗员的数量	
情感凝聚性课目得分	C_{44}	战斗员参加集体战时情感凝聚性心理虚拟训练课目中课目得分,课目得分是对整个集体的打分	

指标名称	计算方法	公式含义	测量时机
人际沟通性心率	$C_{15}=V_{HR}=\sum_{i=1}^{n}(V_{HR})_i/n$	战斗员参加集体战时人际沟通性心理虚拟训练课目中心率的平均值，n 为战斗员的数量	战斗员进行集体战时人际沟通性心理虚拟训练课目时测量
人际沟通性脑电	$C_{25}=V_{EEG}=\sum_{i=1}^{n}(V_{EEG})_i/n$	战斗员参加集体战时人际沟通性心理虚拟训练课目中脑电的平均值，n 为战斗员的数量	
人际沟通性皮肤电导率	$C_{35}=V_{GSR}=\sum_{i=1}^{n}(V_{GSR})_i/n$	战斗员参加集体战时人际沟通性心理虚拟训练课目中皮肤电导率的平均值，n 为战斗员的数量	
人际沟通性课目得分	C_{45}	战斗员参加集体战时人际沟通性心理虚拟训练课目中课目得分，课目得分是对整个集体的打分	

备注：测量方法与个体虚拟训练效果评估二级指标的测量方法类似，心率、脑电、皮肤电导率由监测设备测量，课目得分由虚拟训练系统根据完成课目情况确定。指标取值范围为 0~1，指标含义与个体虚拟训练效果评估二级指标类似

（二）确定各指标的权重

1. 构建层次结构模型

集体战时心理虚拟训练效果为目标层 A。

将一级指标的指挥员战时心理素质、环境适应性、行动协同性、情感凝聚性、人际沟通性 5 个因素分别记为 B_1,B_2,B_3,B_4,B_5，对应的权重分别为 b_1,b_2,b_3,b_4,b_5，得到准则层 B。

将指挥员战时心理素质 B_1 下的二级指标指挥员心率、指挥员脑电、指挥员皮肤电导率、指挥员课目得分分别记为 $C_{11},C_{21},C_{31},C_{41}$，对应的权重分别为 $c_{11},c_{21},c_{31},c_{41}$。

将环境适应性 B_2 下的二级指标环境适应性心率、环境适应性脑电、环境适应性皮肤电导率、环境适应性课目得分分别记为 $C_{12},C_{22},C_{32},C_{42}$，对应的权重分别为 $c_{12},c_{22},c_{32},c_{42}$。

将行动协同性 B_3 下的二级指标行动协同性心率、行动协同性脑电、行动协同性皮肤电导率、行动协同性课目得分分别记为 $C_{13},C_{23},C_{33},C_{43}$，对应的权重分别为 $c_{13},c_{23},c_{33},c_{43}$。

将情感凝聚性 B_4 下的二级指标情感凝聚性心率、情感凝聚性脑电、情感凝聚性皮肤电导率、情感凝聚性课目得分分别记为 C_{14}, C_{24}, C_{34}, C_{44}, 对应的权重分别为 c_{14}, c_{24}, c_{34}, c_{44}。

将人际沟通性 B_5 下的二级指标人际沟通性心率、人际沟通性脑电、人际沟通性皮肤电导率、人际沟通性课目得分分别记为 C_{15}, C_{25}, C_{35}, C_{45}, 对应的权重分别为 c_{15}, c_{25}, c_{35}, c_{45}, 得到子准则层。

2. 构造判断矩阵

按照1-9标度法,经由20名专家进行指标的重要性排序,平均值如表5.7所示。

表5.7 集体心理虚拟训练效果评估指标排序调查结果平均值

指标	1-9 标度
一级	指挥员战时心理素质(8.8),环境适应性(1.4),行动协同性(6.5),情感凝聚性(3.4),人际沟通性(4.9)
二级	指挥员心率(2.7),指挥员脑电(1.3),指挥员皮肤电导率(6.6),指挥员课目得分(5.4)
	环境适应性心率(2.8),环境适应性脑电(1.4),环境适应性皮肤电导率(6.8),环境适应性课目得分(5)
	行动协同性心率(2.9),行动协同性脑电(1.3),行动协同性皮肤电导率(5.1),行动协同性课目得分(6.7)
	情感凝聚性心率(3.1),情感凝聚性脑电(1.4),情感凝聚性皮肤电导率(4.6),情感凝聚性课目得分(6.9)
	人际沟通性心率(3.1),人际沟通性脑电(1.4),人际沟通性皮肤电导率(4.7),人际沟通性课目得分(6.8)

根据调查结果,按照1-9标度法,排序结果为:

一级指标指挥员战时心理素质为9,环境适应性为1,行动协同性为7,情感凝聚性为3,人际沟通性为5。

指挥员战时心理素质 B_1 下的二级指标指挥员心率为3,指挥员脑电为1,指挥员皮肤电导率为7,指挥员课目得分为5。

环境适应性 B_2 下的二级指标环境适应性心率为3,环境适应性脑电为1,环境适应性皮肤电导率为7,环境适应性课目得分为5。

行动协同性 B_3 下的二级指标行动协同性心率为3,行动协同性脑电为1,行动协同性皮肤电导率为5,行动协同性课目得分为7。

情感凝聚性 B_4 下的二级指标情感凝聚性心率为3,情感凝聚性脑电为1,情感凝聚性皮肤电导率为5,情感凝聚性课目得分为7。

人际沟通性 B_5 下的二级指标人际沟通性心率为3,人际沟通性脑电为1,人际沟通性皮肤电导率为5,人际沟通性课目得分为7。

然后两两比较,构造的B层、C层的判断矩阵如下:

$$B = \begin{pmatrix} 1 & 9 & 3 & 7 & 5 \\ \frac{1}{9} & 1 & \frac{1}{7} & \frac{1}{3} & \frac{1}{5} \\ \frac{1}{3} & 7 & 1 & 5 & 3 \\ \frac{1}{7} & 3 & \frac{1}{5} & 1 & \frac{1}{3} \\ \frac{1}{5} & 5 & \frac{1}{3} & 3 & 1 \end{pmatrix}$$

$$C_1 = \begin{pmatrix} 1 & 3 & \frac{1}{5} & \frac{1}{3} \\ \frac{1}{3} & 1 & \frac{1}{7} & \frac{1}{5} \\ \frac{1}{5} & 7 & 1 & 3 \\ 3 & 5 & \frac{1}{3} & 1 \end{pmatrix}, \quad C_2 = \begin{pmatrix} 1 & 3 & \frac{1}{5} & \frac{1}{3} \\ \frac{1}{3} & 1 & \frac{1}{7} & \frac{1}{5} \\ \frac{1}{5} & 7 & 1 & 3 \\ 3 & 5 & \frac{1}{3} & 1 \end{pmatrix} \quad (5.12)$$

$$C_3 = \begin{pmatrix} 1 & 3 & \frac{1}{3} & \frac{1}{5} \\ \frac{1}{3} & 1 & \frac{1}{5} & \frac{1}{7} \\ 3 & 5 & 1 & 3 \\ 5 & 7 & \frac{1}{3} & 1 \end{pmatrix}, \quad C_4 = \begin{pmatrix} 1 & 3 & \frac{1}{3} & \frac{1}{5} \\ \frac{1}{3} & 1 & \frac{1}{5} & \frac{1}{7} \\ 3 & 5 & 1 & 3 \\ 5 & 7 & \frac{1}{3} & 1 \end{pmatrix}, \quad C_5 = \begin{pmatrix} 1 & 3 & \frac{1}{3} & \frac{1}{5} \\ \frac{1}{3} & 1 & \frac{1}{5} & \frac{1}{7} \\ 3 & 5 & 1 & 3 \\ 5 & 7 & \frac{1}{3} & 1 \end{pmatrix}$$

3. 层次单排序

借助Matlab软件计算判断矩阵B、C的最大特征根λ_{max}及其对应的特征向量W,并进行归一化处理,计算结果如表5.8所示。

表5.8 判断矩阵的特征根及其对应的特征向量

判断矩阵	最大特征根	特征向量	归一化处理后各指标的权重
B	5.23748	$[0.862972, 0.0560971, 0.440056, 0.106651, 0.217044]^T$	$[b_1, b_2, b_3, b_4, b_5] = [0.5128, 0.0333, 0.2615, 0.0634, 0.1290]$
C_1	4.11698	$[0.184675, 0.086889, 0.887992, 0.412087]^T$	$[c_{11}, c_{21}, c_{31}, c_{41}] = [0.1175, 0.0553, 0.5650, 0.2622]$

判断矩阵	最大特征根	特征向量	归一化处理后各指标的权重
C_2	4.11698	$[0.184675, 0.086889, 0.887992, 0.412087]^T$	$[c_{12}, c_{22}, c_{32}, c_{42}] = [0.1175, 0.0553, 0.5650, 0.2622]$
C_3	4.11698	$[0.184675, 0.086889, 0.412087, 0.887992]^T$	$[c_{13}, c_{23}, c_{33}, c_{43}] = [0.1175, 0.0553, 0.2622, 0.5650]$
C_4	4.11698	$[0.184675, 0.086889, 0.412087, 0.887992]^T$	$[c_{14}, c_{24}, c_{34}, c_{44}] = [0.1175, 0.0553, 0.2622, 0.5650]$
C_5	4.11698	$[0.184675, 0.086889, 0.412087, 0.887992]^T$	$[c_{15}, c_{25}, c_{35}, c_{45}] = [0.1175, 0.0553, 0.2622, 0.5650]$

4. 判断矩阵一致性检验

根据公式 $CI = \dfrac{\lambda_{\max} - n}{n-1}, CR = \dfrac{CI}{RI}$，经计算，判断矩阵 B 的 $CI = 0.05937$，$CR = 0.053$，判断矩阵 C_1, C_2, C_3, C_4, C_5 的 $CI = 0.03899$，$CR = 0.0433$，两者的 CR 值均小于 0.10，均通过一致性检验。

5. 层次总排序

B 层包含 B_1, B_2, B_3, B_4, B_5 共 5 个因素，它们的层次总排序权重分别为 b_1, b_2, b_3, b_4, b_5。C 层包含 20 个因素 C_{ij}，$i = 1,2,3,4,5$，$j = 1,2,3,4$，它们关于 B_i 的层次单排序权重为 c_{ij}。C 层各因素的层次总排序权重为 c'_{ij}，$c'_{ij} = c_{ij}b_j$。

经计算，结果为 $c'_{11}=0.0603$，$c'_{21}=0.0284$，$c'_{31}=0.2897$，$c'_{41}=0.1345$，$c'_{12}=0.0039$，$c'_{22}=0.0018$，$c'_{32}=0.0188$，$c'_{42}=0.0087$，$c'_{13}=0.0307$，$c'_{23}=0.0145$，$c'_{33}=0.0686$，$c'_{43}=0.1477$，$c'_{14}=0.0074$，$c'_{24}=0.0035$，$c'_{34}=0.0166$，$c'_{44}=0.0358$，$c'_{15}=0.0152$，$c'_{25}=0.0071$，$c'_{35}=0.0338$，$c'_{45}=0.0729$。

6. 总排序一致性检验

根据公式 $CR = \dfrac{\sum_{j=1}^{5} CI(j) b_j}{\sum_{j=1}^{5} RI(j) b_j}$，经计算 $CR = 0.0433 < 0.10$，通过一致性检验。

（三）确定集体虚拟训练效果模型

该模型由指标值和权重进行整体计算，计算公式分别如下。

指挥员战时心理素质：

$$B_1 = \sum_{i=1}^{4} c_{i1}C_{i1} = c_{11}C_{11} + c_{21}C_{21} + c_{31}C_{31} + c_{41}C_{41} \quad (5.13)$$

环境适应性：

$$B_2 = \sum_{i=1}^{4} c_{i2}C_{i2} = c_{12}C_{12} + c_{22}C_{22} + c_{32}C_{32} + c_{42}C_{42} \quad (5.14)$$

行动协同性：

$$B_3 = \sum_{i=1}^{4} c_{i3}C_{i3} = c_{13}C_{13} + c_{23}C_{23} + c_{33}C_{33} + c_{43}C_{43} \quad (5.15)$$

情感凝聚性：

$$B_4 = \sum_{i=1}^{4} c_{i4}C_{i4} = c_{14}C_{14} + c_{24}C_{24} + c_{34}C_{34} + c_{44}C_{44} \quad (5.16)$$

人际沟通性：

$$B_5 = \sum_{i=1}^{4} c_{i5}C_{i5} = c_{15}C_{15} + c_{25}C_{25} + c_{35}C_{35} + c_{45}C_{45} \quad (5.17)$$

集体战时心理虚拟训练效果：

$$A = \sum_{i=1}^{5} b_i B_i = b_1 B_1 + b_2 B_2 + b_3 B_3 + b_4 B_4 + b_5 B_5 \quad (5.18)$$

五、战时心理虚拟训练效果评价

二级指标值的计算是无量纲的，只有相对意义，在相互比较时才能够判断优劣。因此对个体和集体的训练效果进行评价，要确定5个一级指标B_i的合格标准α_i ($i=1,2,3,4,5$)。有两种方法，一种是通过大量的训练数据进行样本统计分析得出α_i值，另一种是由专家给出。对个体的训练效果评价推荐使用第一种方法，通过大量的自身训练数据进行样本统计分析得出α_i值，因为每个人只有与自己以往的训练结果进行比较，才能看出训练效果如何。对集体的训练效果评价推荐使用第二种方法，集体作为个体的集合，往往表现出群体的特点，相对于个体来说比较稳定，可由专家结合大量的群体数据样本统计分析得出α_i值。确定了一级指标B_i的合格标准α_i，其合格范围是$[\alpha_i,1]$，其余为不合格。根据权重计算得出个体虚拟训练效果A的合格标准α，其合格范围是$[\alpha,1]$，其余为不合格。

$$\alpha = \sum_{i=1}^{5} b_i \alpha_i = b_1 \alpha_1 + b_2 \alpha_2 + b_3 \alpha_3 + b_4 \alpha_4 + b_5 \alpha_5 \quad (5.19)$$

集体虚拟训练效果合格标准与个体的类似。

第六章 战时心理虚拟训练系统的应用

战时心理虚拟训练隶属于军事模拟训练的范畴。在开展虚拟训练实践时,必须要确保各项程序符合科学规范和操作要求,否则将导致受训者产生负面心理情绪,甚至患上心理疾病,起到适得其反的效果。本章首先描述了战时心理虚拟训练系统应用前的准备工作,包括硬件准备、软件准备。其次,分别从管理员、组训者和受训者的角度说明了战时心理虚拟训练系统的应用流程。再次,检验了系统的应用效果,表明训练系统有一定效果。最后,提出了战时心理虚拟训练系统应用的注意事项,包括要注意循序渐进、分类指导、因材施教以及训练安全。

第一节 战时心理虚拟训练的准备

训练准备是为实施训练而预先进行的准备,包括思想、组织、计划、场地、器材、教材、教具、经费等方面的准备。战时心理虚拟训练的准备,应当结合训练任务和部队实际情况进行,重点包括研究训练对象、制订训练计划、配置训练系统和检查训练保障。

一、研究训练对象

训练对象是训练活动的主体和目标对象,在训练实施前,对训练对象进行充分的研究和分析,了解和掌握其基本情况是训练实施的重要前提。由于战时心理虚拟训练的训练对象数量庞大、身份复杂,每名受训者的年龄、身份、职务各不相同,特别是其心理状态更加难以把握,所以必须采用适当的方法进行调查和研究。

针对战时心理虚拟训练的特点和实际情况,通常可采用听取他人介绍、座谈了解、面对面谈话以及心理测试等方法,每种方法都有其优势和不足。听取不同人员对训练对象的介绍,便于从多个角度掌握其心理状态,具有较强综合性,但不可避免地会受到介绍者主观成见的影响;座谈了解一般适用于了解受训者集体的宏观情况,但缺乏针对性;与训练对象面对面谈话可以较为准确地掌握每名受训者的心理状态,但需要耗费大量时间和精力;使用专业的心理测试量表对训练对象进行心理测试,高效便捷,具有一定的科学性,但训练对象可能会有意识或无意识地回避某些问题,降低了测试结果的信度。因此,在实际应用中,应当根据训练对象的不同情况,将多种方法结合使用,尽可能从不同侧面、综合全面地研究和分析训练对象的基本情况,掌握其心理状态和特征。这样一来,可以为后续训练计划的制订提供参考依据,提高训练的针对性。

二、制订训练计划

心理训练计划是组织实施训练的基本依据。心理训练必须根据训练大纲的要求,结合部队军事教育训练的实际,贯穿到部队建设的全过程。训练计划一般分为综合训练计划和专项训练计划,战时心理虚拟训练应当属于专项训练计划。在制订计划时,既要遵循一般军事训练计划的理论原则,也要突出战时心理虚拟训练的特殊性,通常包括训练目的、训练对象、训练内容、方法步骤、器材保障等要素。

(一)训练目的

开展战时心理虚拟训练,根本目的就是提高受训者的战时心理素质和能力,达到战争要求。在具体实施中,应当将这一根本目标逐级细化分解为每次训练活动需要达到的目的,并围绕训练目的开展训练活动。

(二)训练对象

战时心理虚拟训练的训练对象是所有军人,具有数量庞大、身份复杂的特点。制订训练计划时,要以作战任务为牵引,区分训练对象的层次和类型进行训练编组,担负同一任务的班、排应编在同一组。此外,还要将不同性格的训练对象进行混合编组,例如,把外向性格和内向性格的训练对象编在一组,把独立型人格和依赖型人格的训练对象编为一组,使他们互相影响、取长补短。

(三)训练内容

战时心理虚拟训练的内容,按照不同的维度有多种划分方式。按照训练方式的不同,可分为理论教育和虚拟训练两个部分;按照训练阶段的划分,又有个体战时心理训练和集体战时心理训练的区别等。制订训练计划时,要综合考虑以上因素,遵照由易到难、由简单到复杂、由单一到复合的训练规律,区分层次,科学设置每次训练的课目和内容。此外,还应当通过召开训练准备会、安全形势分析会等形式,进一步研究探讨战时心理虚拟训练内容的重、难点以及风险性等问题,为训练实施打好基础。

(四)方法步骤

战时心理虚拟训练主要采用虚拟训练的方式,依托虚拟训练系统开展战时心理训练。这一训练方式能够显著增强训练的实战化氛围,提高训练的针对性,但同时也对组训者提出了更高的要求,需要他们转变以往固有的训练方法,例如讲授、示范、单个教练、模仿练习等,重新学习和掌握如何充分利用虚拟训练系统的各种功能达到训练目的。在战时心理虚拟训练中,组训者将更多地扮演引导者的身份,而不是教练员。

三、配置训练系统

在完成训练计划的制订后,组训者应按照计划要求配置训练系统,并认真检查系统的运行情况,确保硬件设备和软件系统能够正常使用,其内容主要包括系统硬件准备、系统软件准备和系统调试。

(一)系统硬件准备

战时心理虚拟训练系统的硬件准备工作,主要是将完成训练必不可少的视觉交互设备、听觉交互设备、触觉交互设备、跟踪定位设备等硬件设备按训练需求架设到位,并通过网络通信设备与高性能计算机连接起来,构建起整个训练系统的硬件构架。首先按照每个受训者终端的要求将头盔显示器、数据手套、数据衣、耳机、麦克风等输入输出设备以及心电图仪、脑电图仪、皮肤电测试仪等监测设备与计算机连接好,然后将每个受训者终端通过路由器与组训者终端、管理终端以及数据库服务器相连接,搭建起整个训练系统的硬件框架。

(二)系统软件准备

战时心理虚拟训练系统所用到的软件包括操作系统软件、数据库管理系统软件、程序开发软件、网络软件、多媒体软件、3D建模软件以及其他辅助软件。按照软件框架结构设计的要求搭建好系统层、平台层、功能层和应用层软件,主要是在每个终端上安装好Windows XP/Windows7/Windows10操作系统、SQL Server数据库管理系统、TCP/IP网络通信协议、多媒体播放软件、战时心理虚拟训练系统程序,此外在每个训练终端还要安装好各类外接硬件的驱动软件,为系统调试做好准备。训练准备时需要将以上软件按照技术总体设计的要求安装在已配置好的各硬件系统中,为下一步系统调试工作做好预先准备。

(三) 系统调试

战时心理虚拟训练系统的调试工作主要由管理员和技术人员负责,按照集成度大小可分为单元调试、子系统调试和系统调试。单元调试(又称模块调试),目的是保证每个模块作为一个单元能正确运行,在单元调试过程中可以发现一些底层错误,诸如代码或程序运行上的问题;子系统调试就是对各个模块进行联调联试,重点应检查模块的接口是否出现差错;系统调试作为最终环节,其任务是将各个子系统串联起来,作为一个整体进行调试,这个阶段主要是检验系统各项功能的运转情况。

系统的调试工作是一项贯穿系统生命周期的长期任务。除了要在训练的准备阶段调试系统,确保其正常运行以外,还应当把握"实践是检验真理的唯一标准"这一原则,充分利用每次训练实施的机会,根据系统的实际运行情况,及时发现存在的问题和设计的不合理之处,并采取有针对性的措施进行改进和完善。

四、检查训练保障

在战时心理虚拟训练正式实施之前,还应当对训练保障情况进行详细检查,主要检查训练场地保障和人员保障。

(一) 检查训练场地保障

战时心理虚拟训练一般放在室内心理训练场进行。训练前要逐一对照训练课目的标准和要求,进行全方位严格检查,尤其是对场地的安全情况,要组织专门的保障人员进行反复彻底清查,排除一切可能的安全隐患。检查时要按照从后向前、从中间到两边、从地面到空中的顺序进行,发现隐患立即排除。切忌走过场、敷衍了事,酿成训练事故。

(二) 检查人员保障

战时心理虚拟训练具有一定的危险性,因此,需要由经过专业培训的人员组成训练保障分队,担负安全保护职责,确保训练安全无事故进行。"保障人员要尽可能选择责任心强、具有较强敬业奉献精神及较为过硬的心理素质的同志来担任。对缺乏责任心、安全观念淡薄、吃苦精神不强的同志,尽量不要选,让他们担当安全保障容易出问题。"

此外,保障人员还应当具有专业的知识和技能,熟记战时心理虚拟训练的各个课目和内容,对受训者容易忽视且可能发生危险的关键环节重点关注、适情提示,一旦发现危险苗头立即消除。训练前应当不定期对保障人员进行理论抽考和技能考核,确保危险在可以控制的范围内。

第二节　战时心理虚拟训练的实施

训练实施是战时心理虚拟训练的中心环节,实施过程中要严格按照训练计划的规定,依托战时心理虚拟训练系统开展训练。这就要求我们必须紧密结合训练系统的各项功能,探索出符合战时心理虚拟训练的实施模式,规范系统的操作流程和训练实施的程序。

一、战时心理虚拟训练的实施模式

从根本上说,战时心理虚拟训练就是将虚拟训练的思想融入战时心理训练的实践活动中,运用虚拟现实技术构建实战化的训练环境,提高训练质量和效率,而战时心理虚拟训练系统正是这一思想的具体表现形式。与一般传统的军事训练相同,战时心理虚拟训练也非常注重人的主体作用,但同时也强调了训练系统的重要地位,训练实施的全过程都离不开训练系统的参与。因而,必须选择科学合理的训练模式,将人与系统有机结合,既要突出人的绝对主体作用,又要充分发挥系统效能。训练模式的优劣直接关系到训练实施能否高效运行,同时也在很大程度上左右了训练效果的好坏。

基于上述原因,我们选择"教学并重"的策略作为战时心理虚拟训练的实施模式。教学并重是指"既充分发挥组训者的主导作用,传授知识,指导训练,组织、监控整个训练活动进程;又强调受训者是训练过程的主体,通过丰富的训练资源和认知探究工具的支持,鼓励受训者自主学习、自主体验、自我提高"。[1]

在战时心理虚拟训练的实践活动中,组训者与受训者是通过战时心理虚拟训练系统这一媒介联系起来的。在训练的准备阶段,组训者要充分发挥其主导作用,了解和掌握训练对象的基本情况,并围绕着训练系统来制订训练计划,通过对系

---

[1] 何克抗,李文光.教育技术学[M].北京:北京师范大学出版社,2002.

进行配置和调试,满足不同的训练课目和内容对虚拟环境的要求;而受训者在这一阶段的任务就是在组训者的指导和帮助下,通过预先进行的系统操作练习,熟悉和掌握系统的使用方法和操作规范。

在训练的实施阶段,受训者是训练活动的绝对主体,通过与训练系统生成的虚拟环境直接交互作用,按照组训者制订的训练计划,独立自主地完成理论教育和虚拟训练的内容。

理论教育部分主要包括两个方面的内容:一是熟悉和了解战时心理训练理论,二是掌握和运用战时心理知识技能。

虚拟训练部分更加强调受训者的体会和感受,是训练实施的重难点和核心环节。组训者通过感官体验和交互操作的方式,体验虚拟战场环境,完成虚拟作战任务,一旦发现问题要及时向组训者反馈;在这一阶段,组训者主要扮演辅助者的角色,要有意识地引导受训者完成理论教育和虚拟训练,并利用训练系统的监控功能,通过实时观察或者调取训练视频记录等方式,研究分析受训者的心理状态,评估其训练效果,发现问题及时干预、解决。

战时心理虚拟训练的实施模式如图6.1所示。

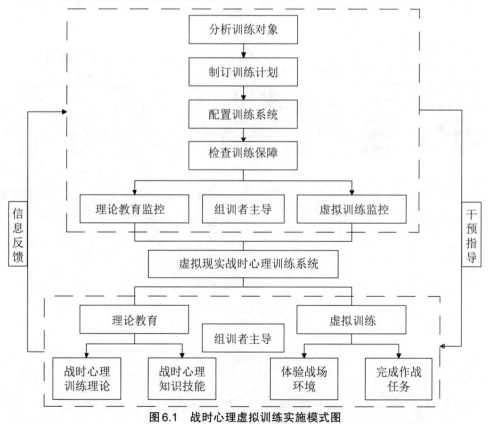

图6.1 战时心理虚拟训练实施模式图

二、战时心理虚拟训练系统的操作流程

在完成战时心理虚拟训练的准备工作之后,就正式进入了训练的实施阶段。战时心理虚拟训练按照"教学并重"的模式开展,主要依靠受训者独立自主地完成理论教育和虚拟训练的任务。由于训练的全过程都是在战时心理虚拟训练系统的辅助下进行的,因此必须首先明确系统的操作流程和规范。根据战时心理虚拟训练系统的总体设计,操作流程大致可以分为用户注册和用户操作,具体如图6.2所示。

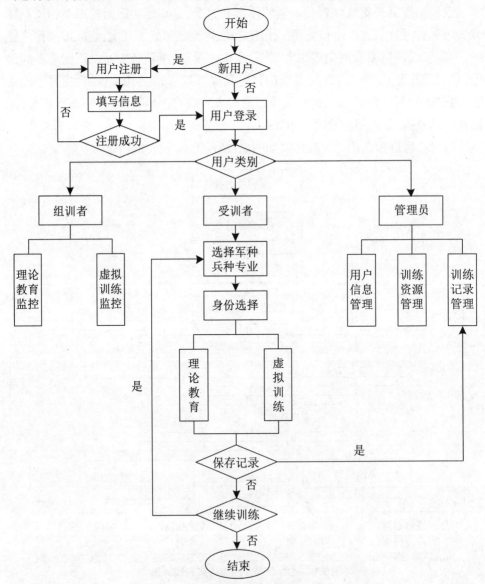

图6.2 战时心理虚拟训练系统操作流程示意图

（一）用户注册操作

在使用训练系统的各项功能之前，用户首先要完成注册。

第一步，设置用户名和密码。系统会与数据库中的信息进行比对，自动检测用户名是否重复或有效，如果重复或无效则需要重新设置，直到通过为止。然后，系统会分配给用户唯一的用户编号作为识别标识。用户每次都需要先输入用户名和密码完成登录，才能够正常使用训练系统。

第二步，输入个人基本信息。在完成用户名和密码设置后，用户还要根据自己的真实情况，输入用户类别、姓名、出生日期、性别、兵种、专业、职务等基本信息。战时心理虚拟训练系统"用户类别"分为组训者、受训者和管理员三类，系统将根据用户的不同类别，授予相应的权限。

在完成注册和登录后，用户就可以根据系统授予的权限使用相应的系统功能。

（二）管理员用户操作

管理员登录系统后，进入管理员界面。管理员可以对用户信息进行管理，在用户信息管理中修改完善管理员的信息，同时管理其他受训者的账号，还可对训练资源以及训练记录进行更新和维护。虚拟训练资源管理主要用来设置虚拟训练课目，是管理员的一项重要工作，首先导入军事数字地图，在数字地图上添加桥梁、道路、河流、村庄、树林、湖泊等地理环境，设置云、雨、雪、风、闪电、温度、湿度、雾等气象环境，保存上述自然环境并上传至数据库。其次在自然环境上添加障碍、工事等静态军事设施，添加战斗人员、战斗装备等动态军事对象，保存上述人工环境并上传至数据库。系统中有默认的战斗任务，如果有新的需求，向技术人员提出具体的战斗任务需求，技术人员制作好之后，上传至数据库。最后在训练课目管理中选择编辑好的自然环境、人工环境和战斗任务，组成合适的虚拟训练课目，并保存上传至数据库，供受训者选择。其中，个体的心理准备虚拟训练和心理适应力虚拟训练、心理恢复力虚拟训练以及集体的环境适应性虚拟训练只需选择并上传对应的视频数据。虚拟训练监测评估中，管理员只需上传外接设备的驱动程序，供训练终端下载安装。管理员操作流程如图6.3所示。

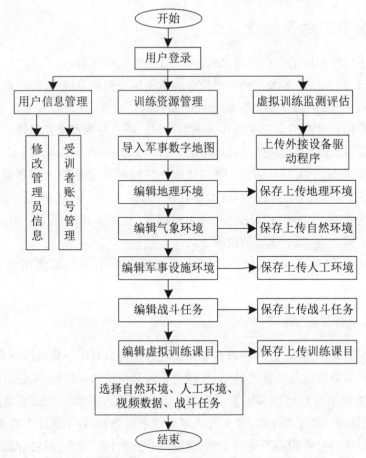

图6.3 战时心理虚拟训练系统管理员操作流程示意图

(三) 组训者用户操作

组训者登录系统后,进入登录组训者界面。组训者可以根据个体、集体制订训练计划,确定当次理论教育和虚拟训练的课目和内容,并设置相应的虚拟训练场景;在虚拟训练过程控制中利用训练系统的监控功能,监督控制个体、集体的训练情况,通过调取监控录像或系统回放的方式,实时掌握受训者的训练反应和训练进度;完成虚拟训练记录统计,对个体和集体的虚拟训练记录进行查询统计,从而总结分析受训者的训练效果,具体如图6.4所示。

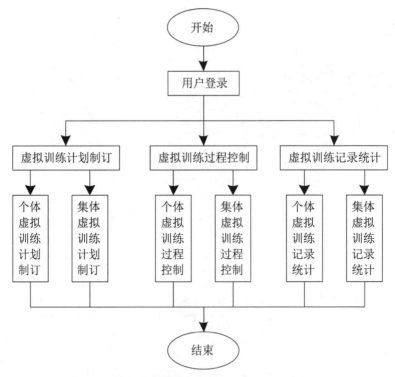

图6.4 战时心理虚拟训练系统组训者操作流程示意图

（四）受训者用户操作

受训者登录系统后，进入受训者界面。受训者可以按照训练计划，通过与组训者设置的虚拟训练环境进行交互作用，完成理论教育和虚拟训练的课目和内容。不同兵种、不同专业的受训者，需要完成的课目和内容也不尽相同。

受训者用户类别区分为指挥员和战斗员。受训者登录成功后，开始检查头盔显示器、数据衣、数据手套、耳机、麦克风、心电图仪、脑电图仪、皮肤电测试仪等外接设备的连接是否正常，如果有问题，进一步检查驱动程序，可以从数据库中下载安装。

如果外接设备连接正常，查看训练计划，选择训练种类，进一步选择训练课目，进行相应的训练。在开始训练前，先进行2~3分钟的生理数据测量，作为受训者平时的生理指标。其中在进行集体训练时，由指挥员创建房间，以单位的名称命名，其余战斗员登录房间，指挥员选择集体训练课目，然后进行集体训练。训练完成后，系统显示训练成绩，供受训者查看，具体如图6.5所示。

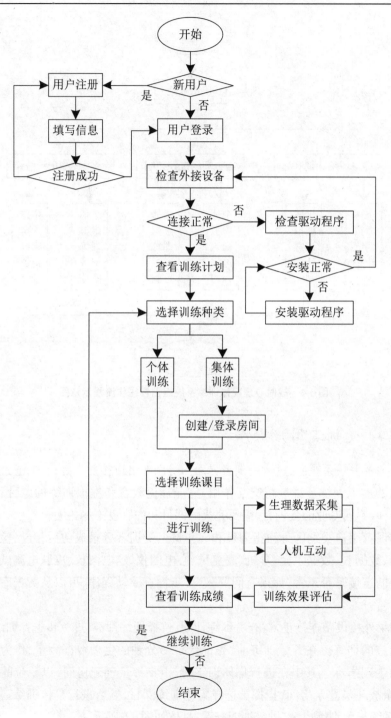

图6.5 战时心理虚拟训练系统受训者操作流程示意图

三、战时心理虚拟训练的实施程序

战时心理虚拟训练应当按照组训者主导完成训练准备、受训者自主完成训练内容、组训者与受训者共同完成训练讲评三个步骤实施。

（一）组训者主导完成训练准备

受训者进入心理训练中心后,组训者首先要清点人数、整理装具,并通过观察、提问、测试等方式,掌握受训者的身体和心理状态,剔除不适宜参加训练的人员;然后,宣布当次训练的课目、内容和训练目的,明确训练编组;接着,提出训练中要注意的事项、系统操作规程和各项安全规定,尤其是发生危险时的求救信号;最后,引导受训者进入预定位置,穿戴装具,做好训练准备,并组织保障人员就位。在这一阶段,组训者要发挥主导作用,严密组织受训者完成训练准备工作。

（二）受训者自主完成训练内容

组训者指挥受训者完成训练准备工作后,启动战时心理虚拟训练系统,下达开始训练的命令,然后进入监控室,观察和引导受训者完成训练内容。受训者进入预定位置后,通过数据手套、力反馈手柄、力反馈鼠标、力反馈手臂等输入设备,以及立体眼镜、头盔显示器、投影设备等输出设备,与系统生成的虚拟战场环境交互作用,自主完成训练课目和内容。

训练过程要按照"先理论教育,后虚拟训练""先个体训练,后集体训练""先战斗员训练,后指挥员训练"的顺序进行。以个体战时心理虚拟训练为例,要先后完成6个训练课目和内容。课目一"战时心理准备训练"主要通过理论教育的方式进行,受训者进入系统中的理论知识教育模块,通过丰富的文字、图片、音频、视频等素材,学习作战理论知识、心理学常识和战时心理训练基础知识,了解和掌握作战对象情况,逐步培育英雄主义和战斗精神,增强集体荣誉感和凝聚力。其余5个课目和内容主要通过虚拟训练的方式进行,首先由组训者宣布情况、明确作战行动和任务,受训者受领任务后在系统生成的虚拟战场环境中执行作战行动、完成作战任务。经过长期针对性训练,受训者体会到在各种战场环境下完成各项作战任务时的心理状态和变化情况,从陌生到熟悉、从焦虑到放松、从自卑到自信,逐步提高战时心理适应力、战时心理承受力、战时心理耐力、战时心理恢复力和战时心理活力,最终形成与战时相适应的心理模型。

在这一阶段,受训者是训练实践的绝对主体,要通过自我学习、自我训练的方式,亲身经历战场上的各种因素和突发情况对心理的影响,只有这样才能将感受和体会转化为自身能吸收的"养分",从而有针对性地提高受训者本人的战时心理素质和能力。组训者主要发挥观察和引导的作用,重点要把握受训者的表情、神态、动作等训练反应的变化情况,视情况进行干预和引导,确保训练顺利进行。

(三) 组训者与受训者共同完成训练讲评

战时心理虚拟训练不同于一般的军事训练,作用对象主要是人的心理,难以通过量化分析的方式评价训练效果。单纯依靠组训者的主观判断,必然会导致讲评存在偏颇,缺乏客观性。因此,讲评时应秉持"偏听则暗,兼听则明"的准则,从受训者角度出发,倾听受训者声音,由组训者和受训者共同配合,完成训练讲评和总结工作。这就需要受训者也能发挥自身的主观能动性,积极参与其中。每名受训者都要将自己训练中发生的情况和遇到的问题,以及真实的心理感受和体会与其他受训者和组训者一起交流和分享,做到知无不言、言无不尽。组训者则要根据自己看到的训练情况,直言不讳地指出受训者存在的问题和不足之处。这样才能在最大程度上避免讲评工作流于形式,成为"一言堂"。

第三节 战时心理虚拟训练的效果

一、训练的应用效果

对于系统应用需要让具体的训练人员来进行,检验战时心理训练系统的训练效果。

应用人员:2名受训者。

应用课目:心理活力虚拟训练。

应用过程:每天训练一次课目,时间20分钟,连续7天,如图6.6所示。

第六章 战时心理虚拟训练系统的应用

图 6.6 受训者应用系统

应用效果：受训者 A 和受训者 B 训练时的最高心率、课目完成度变化情况如图 6.7～图 6.10 所示。

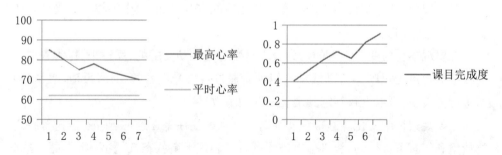

图 6.7 受训者 A 最高心率变化　　　　　图 6.8 受训者 A 课目完成度变化

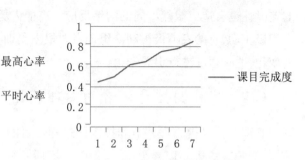

图 6.9 受训者 B 最高心率变化　　　　　图 6.10 受训者 B 课目完成度变化

两名受训者 7 天的训练数据显示，最高心率越来越接近平时心率，课目完成度越来越高，说明通过 7 天的战时心理训练，战时心理素质有一定程度提高，训练系统有效果。

二、训练的把握要点

在实施过程中必须采取针对性措施,把握训练关键环节,提高受训者战时心理素质和能力。

(一)重点观察受训者的训练反应

在训练中,组训者既要观察个体的变化,又要观察群体的反应;既要观察言语变化,又要观察行为变化和情绪波动;既要观察他们分析问题的过程,又要观察他们解决问题的方式方法。在虚拟现实战时心理训练的实施和效果评估中,观察法都是最基本、最直接的手段。组训者可以利用训练系统的监控功能,更方便、更细微、更全面地捕捉受训者的训练反应。

一要观察语言变化。心理学研究表明,人的心理状态很容易从其语言上表现出来。组训者可以利用这一机制,通过观察、聆听受训者的讲话内容、语气、语调、语速等,了解其训练过程中心理状态的变化情况,初步判断出虚拟战场对受训者产生了怎样的影响。

二要观察行为变化。人的行为表现是受心理活动支配的,反过来,行为表现又能在很大程度上反映其心理活动。组训者通过观察受训者的动作、反应、表情、神态等行为表现,可以大致判定其沉浸度和训练效果。

三要观察情绪变化。虚拟现实战时心理训练往往是在恐怖、刺激、震撼等特定的情境和气氛下进行的,势必会打破受训者的心理平衡状态,诱发恐惧、焦虑、紧张等不良情绪反应。但是,即使是在同一训练课目或同一训练情境下,受训者个体间的差异性也会造成截然不同的情绪反应。有的人勇敢自信,有的人胆怯自卑,有的人积极主动,有的人消极被动。组训者要根据受训者情绪的波动,分析其心理状态的变化,适时适度进行引导干预。

(二)及时调控受训者的心理问题

心理调控是指心理调节和控制的过程。目的是使军人适应战时紧张、危险的情境,避免或缓解心理异常反应,消除战场环境对军人心理的消极影响,提高心理承受能力,预防心理疾病,维护心理健康,使军人保持心理活动的稳定性和积极性,提高作战能力。虚拟现实战时心理训练的全过程都是在组训者的调适和引导下进行的。

一要纠正错误认知。在训练过程中,受训者常常会出现一些不合理或错误的认知,例如,对自己或他人存在不客观评价,对训练课目、内容、要求等方面尚未形成正确认识等。组训者要特别留意训练过程中哪些环节容易给受训者造成疑虑,采取巧妙、温和的引导方式,纠正其认知偏差。

二要化解消极情绪。在训练时,由于受训者的心理机能各异,可能会产生积极或消极两方面的感受。组训者要正面引导和鼓励受训者积极的心理感受和情绪,同时也要舒缓和排解受训者消极的心绪状态。

三要端正行为偏差。受训者在日常生活中的处事方式、行为特点等,会潜移默化地影响其在训练中的表现。例如,一个在生活中遇到困难就逃避退缩的人,在训练时也会有较大可能出现同样的问题。这就要求组训者要做好准备工作,尽可能提前掌握每名受训者的性格特点、心理弱势等,引导其矫正不良的行为偏差,逐步养成正确的行为习惯。

(三) 协调控制训练风险与安全

在虚拟现实战时心理训练中,会设置大量带有一定困难和危险情境的训练课目,对受训者的心理会产生强烈刺激。此外,训练风险也会随着课目难度的增加而逐步加大。因此,组织战时心理训练时,必须要强化安全意识,在确保受训者不出现意外事故的前提下,逐步增大训练强度和难度,提升战时心理极限承受力。

一是建立科学的操作流程和规范,保证战时心理训练中的每个环节、步骤和动作都严格按照操作流程进行;二是按照由易到难、由简单到复杂、由单一到综合的训练原则,确保受训者战时心理素质和能力逐步提高;三是提出有效的定量测评手段,实时跟踪战时心理动态指标的变化,全程随时掌握受训者的心理状况,提高在心理极限条件下的战时心理承受能力。

三、训练的注意事项

战时心理虚拟训练作为一种模拟仿真的训练形式,不仅要遵循军事训练活动的一般规律,还必须根据虚拟训练系统的特点,采取有针对性的措施,提高训练效果,把握训练安全。

一要注意循序渐进。[①]在组织实施训练时,根据军人心理发展变化的一般规律,在训练课目上要由易到难,在训练强度上要逐步提高。人的心理素质是个体适应外部环境时发展变化的结果,心理机能和心理特征品质都有一个成长的过程。战时心理虚拟训练提升军人的战时心理素质,不是一蹴而就的,而是在不断学习、

[①] 刘寒凌. 军事心理训练研究[M]. 北京:军事科学出版社,2012:89.

刻苦训练中获得的。因此,在进行训练时,组训者要科学根据军人心理发展变化的规律,先简单后困难,先单个训练后集体训练,逐步提高训练效果。

二要注意分类指导。军兵种不同、岗位不同、专业不同、个人的成长经历不同,相应的战时心理需求也不同,训练要有针对性,选择合适的训练课目,提高相应的战时心理素质。使用战时心理虚拟训练系统时要根据自身的需求选择对应的训练内容,培养官兵适应不同专业和不同作战任务的特殊心理品质。如果系统不能完全满足官兵的需求,要及时反馈给技术人员,以便根据新的需求进一步升级完善系统。

三要注意因材施教。因材施教的原则是指在训练中,根据不同官兵的战时心理素质基础,有针对性地进行训练。训练时不应该统一训练进程,官兵要根据自身的训练效果,针对不足之处,有重点地进行训练。系统给出的训练成绩评定依据是受训者的生理数据,而每个人的生理机能不尽相同,不能机械地看虚拟训练系统给出的训练成绩,要连续地看训练成绩是上升还是下降,才能更有效地看出训练效果。

四要注意训练安全。使用头盔显示器在一定程度上会造成头晕,很重要的一个原因是头部运动和视觉观测到的头部运动不匹配,或者说虚拟训练系统计算时有一定的延迟。如果受训者感到恶心、呕吐,要及时终止训练。另外,组训者训练时要注意把握好时间,长时间使用头盔显示器对眼睛也有一定程度的伤害。受训者戴上头盔显示器后,对外界真实的情况不了解,训练时会存在一定的风险。部分的外界设备是通过有线连接的,受训者训练时,在空间上有一定程度的限制,动作幅度不能过大,否则可能会损坏设备。在进行集体训练时,组训者要注意观察受训者的位置,如果距离过近要及时提醒,不要相互影响。

附　　录

附录一　专家访谈提纲

1. 开展战时心理训练有哪些举措?

理论讲解、野战生存训练法、实兵对抗演习训练法、自我挑战训练法、模拟心理训练法。目前模拟心理训练法缺少合适的训练系统和训练器材。

2. 进行战时心理训练考核评估的依据是什么?

考核评估按照完成课目情况来判定,没有客观量化的标准。考核评估需要客观、可量化的评价依据,心理素质和生理指标是紧密相关的,而生理指标可以由仪器来测量,可以考虑采用生理指标作为判定依据。

3. 对开展战时心理训练有什么意见和建议?

能够设计一套合适的战时心理训练系统,在虚拟的战场环境下进行训练,经济、安全、可重复,代替费时、费力、费钱的实兵实弹的训练或者根本无法重现的实战场面,从而获得可靠、明显的心理训练效果。评价心理训练效果能够使用相对客观的指标,避免人为主观因素的干扰。可以针对不同军兵种,针对个体、集体进行训练,以满足不同的训练需求。

附录二 战时心理虚拟训练效果评估指标排序调查表

表1 个体心理虚拟训练效果评估指标排序调查表

指标	1-9 标度
一级	适应力( ) 承受力( ) 耐力( ) 恢复力( ) 活力( )
二级	适应力心率( ) 适应力脑电( ) 适应力皮肤电导率( ) 适应力课目得分( ) 承受力心率( ) 承受力脑电( ) 承受力皮肤电导率( ) 承受力课目得分( ) 耐力心率( ) 耐力脑电( ) 耐力皮肤电导率( ) 耐力课目得分( ) 恢复力心率( ) 恢复力脑电( ) 恢复力皮肤电导率( ) 恢复力课目得分( ) 活力心率( ) 活力脑电( ) 活力皮肤电导率( ) 活力课目得分( )

表2 集体心理虚拟训练效果评估指标排序调查表

指标	1-9 标度
一级	指挥员战时心理素质( ) 环境适应性( ) 行动协同性( ) 情感凝聚性( ) 人际沟通性( )
二级	指挥员心率( ) 指挥员脑电( ) 指挥员皮肤电导率( ) 指挥员课目得分( ) 环境适应性心率( ) 环境适应性脑电( ) 环境适应性皮肤电导率( ) 环境适应性课目得分( ) 行动协同性心率( ) 行动协同性脑电( ) 行动协同性皮肤电导率( ) 行动协同性课目得分( ) 情感凝聚性心率( ) 情感凝聚性脑电( ) 情感凝聚性皮肤电导率( ) 情感凝聚性课目得分( ) 人际沟通性心率( ) 人际沟通性脑电( ) 人际沟通性皮肤电导率( ) 人际沟通性课目得分( )

表3 1-9标度含义

相对重要性	含义
1	表示两个因素相比,具有相同重要性
3	表示两个因素相比,前者比后者稍重要
5	表示两个因素相比,前者比后者明显重要
7	表示两个因素相比,前者比后者强烈重要
9	表示两个因素相比,前者比后者极端重要
2,4,6,8	表示上述相邻判断的中间值

附录三　COMPortManager类主要程序代码

```csharp
class COMPortManager {
    Parser parser;
    public SerialPort chris_COM;
    public Thread readThread;
    bool keepReading;
    public bool bThinkSign;
    public COMPortManager(Parser p, string strPort, int baudRate, int dataBits)
    {
        parser = p;
        chris_COM = new SerialPort();
        chris_COM.BaudRate = baudRate;// 57600;
        chris_COM.PortName = strPort;
        chris_COM.DataBits = dataBits;// 8;
        chris_COM.Open();
        keepReading = true;
        readThread = new Thread(ReadPort);
        readThread.Start();
    }
    private void ReadPort() {
        int icount = 0;
        while (keepReading) {
            if (chris_COM.IsOpen) {
                byte[] chris_buffer = new byte[chris_COM.ReadBufferSize + 1];
                icount++;
                try {
                    int count = chris_COM.Read(chris_buffer, 0, chris_COM.ReadBufferSize);
```

```
            bThinkSign = true;
            for (int i = 0; i < count; i++)
                parser.parseByte(chris_buffer[i]);
        }
        catch (IOException ee)
        {bThinkSign = false;}
    }
  }
}
```

附录四 Parser类主要代码

```
public class Parser{……
  public Parser()
  {  this.parserStatus = PARSER_STATE_SYNC;}
……
  private void parsePacketPayload(){
  while (i < this.payloadLength) {
  ……
  if (code! = PARSER_CODE_RAW) {
    switch (code)  {
    //脑电波信号分析,8个3字节的值
    case PARSER_CODE_EEG_POWER:
      iThinkGearCount++;//脑电波的总次数
      for (int gIdx = 0; gIdx < 8; gIdx++) {
        int r = this.payload[i + gIdx * 3 + 0];
      r <<= 8;
      r = r | this.payload[i + gIdx * 3 + 1];
      r <<= 8;
      r = r | this.payload[i + gIdx * 3 + 2];
      switch (gIdx) {
      case 0:
          Form1.y1.Add(r);Form1.x1.Add(iThinkGearCount);break;
      case 1:
          Form1.y2.Add(r);Form1.x2.Add(iThinkGearCount);break;
      case 2:
          Form1.y3.Add(r);Form1.x3.Add(iThinkGearCount);break;
      case 3:
          Form1.y4.Add(r);Form1.x4.Add(iThinkGearCount);break;
      case 4:
          Form1.y5.Add(r);Form1.x5.Add(iThinkGearCount);break;
```

```
            case 5:
                Form1.y6.Add(r);Form1.x6.Add(iThinkGearCount);break;
            case 6:
                Form1.y7.Add(r);Form1.x7.Add(iThinkGearCount);break;
            case 7:
                Form1.y8.Add(r);Form1.x8.Add(iThinkGearCount);break;
        }}
        i += valueBytesLength;break;
    case PARSER_CODE_Attention:
        config = this.payload[i] & 0xFF;
        Console.WriteLine("Attention:" + config);
        Form1.x_Attention.Add(iThinkGearCount);
        Form1.y_Attention.Add(config);
        i += valueBytesLength;
        break;
    case PARSER_CODE_Meditation:
        config = this.payload[i] & 0xFF;
        Console.WriteLine("Meditation:" + config);
        Form1.x_Meditation.Add(iThinkGearCount);
        Form1.y_Meditation.Add(config);
        i += valueBytesLength;
        break;
    }}}
    this.parserStatus = PARSER_STATE_SYNC;
}}
```

附录五 Arduino-GSP获取受训者心率开发代码

```
/*
GSR connection pins to Arduino microcontroller
Arduino        GSR
GND            GND
5V             VCC
A2             SIG
D13            RED LED
*/

const int LED=13;
const int GSR=A2;
int threshold=0;
int sensorValue;
void setup(){
  long sum=0;
  Serial.begin(9600);
  pinMode(LED,OUTPUT);
  digitalWrite(LED,LOW);
  delay(1000);
  for(int i=0;i<500;i++) {
  sensorValue=analogRead(GSR);
  sum += sensorValue;
  delay(5); }
  threshold = sum/500;
  Serial.print("threshold =");
  Serial.println(threshold);
}
void loop(){
```

```
int temp;
sensorValue=analogRead(GSR);
Serial.print("sensorValue=");
Serial.println(sensorValue);
temp = threshold - sensorValue;
if(abs(temp)>100) {
  sensorValue=analogRead(GSR);
  temp = threshold - sensorValue;
  if(abs(temp)>100){
  digitalWrite(LED,HIGH);
  Serial.println("Emotion Changes Detected!");
  delay(3000);
  digitalWrite(LED,LOW);
  delay(1000); }}
```

附录六 读取皮肤电数据包的类 GSRCOMPortManager

```csharp
class GSRCOMPortManager {
    public SerialPort chris_COM;
    public Thread readThread;
    bool keepReading;
    public GSRCOMPortManager(string strPort,int baudRate,int dataBits) {
        chris_COM = new SerialPort(); chris_COM.BaudRate = baudRate;//9600;
        chris_COM.PortName = strPort;chris_COM.DataBits = dataBits;// 8;
        chris_COM.Open();keepReading = true;
        readThread = new Thread(ReadPort);
        readThread.Start();
    }
    Regex regex = new Regex("sensorValue=(?<value>[0-9]{1,4})");
    private void ReadPort() {
    List<float> y_ValueTemp = new List<float>();
    int icount = 0;   int iValidCount = 0;
    while (keepReading) {
      if (chris_COM.IsOpen){
        byte[] chris_buffer = new byte[chris_COM.ReadBufferSize + 1];
        try {
    int count = chris_COM.Read(chris_buffer, 0, chris_COM.ReadBufferSize);
            ASCIIEncoding ASCIITochar = new ASCIIEncoding();
            char[] ascii = ASCIITochar.GetChars(chris_buffer);
            string valuestr = new string(ascii);
            MemoryStream stream = new MemoryStream();
            treamWriter writer = new StreamWriter(stream);
            writer.Write(valuestr);writer.Flush();
            stream.Position = 0;
```

```
StreamReader reader = new StreamReader(stream);
string line = null;
int curValue;
while ((line = reader.ReadLine()) != null) {
    if (string.IsNullOrWhiteSpace(line)) {continue;}
    var match = regex.Match(line);
    if (match.Success){
        curValue = Convert.ToInt16(match.Groups["value"].Value);
        Console.WriteLine(match.Groups["value"].Value);
        iValidCount++;
        y_ValueTemp.Add(curValue);
        if (iValidCount == Form1.GSRSeedSpace) {
            icount++;
            Form1.y_GSR.Add(curValue);
            Form1.x_GSR.Add(icount);
            iValidCount = 0;
            y_ValueTemp.Clear();}
        if (icount == 50) {
            Form1.GSR_ThreShold = (int) Form1.y_GSR.Average(m => Convert.ToDecimal(m));
}}}}
      catch (IOException ee){Console.Write(ee.Message);
}}}}}
```

附录七 简要软件说明书

以战时心理活力虚拟训练为例说明,其他模块使用类似。

用户登录:用户打开程序,进入登录页面,如图1所示。

图1 登录页面

登录功能:输入用户名和密码后登录系统。

连接好头盔、数据手套、数据衣和心电图仪、脑电图仪、皮肤电测试仪等外接设备。选择个体战时心理虚拟训练,如图2所示。

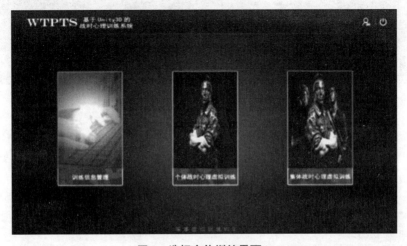

图2 选择个体训练界面

选择心理活力虚拟训练,如图3所示。

图3 选择心理活力虚拟训练界面

进入训练场景开始训练,如图4所示。

图4 训练场景

训练结束后查看训练成绩,如图5所示。

附 录

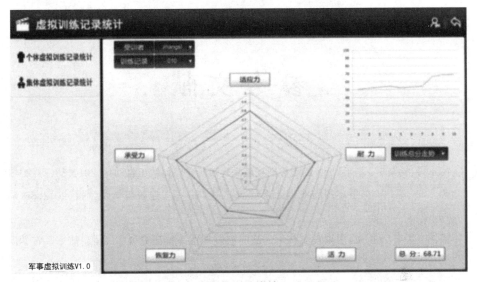

图5 训练成绩

参 考 文 献

[1] 陈永科,杨艾军.基于Unity的虚拟战场地理环境构建[J].兵工自动化,2014,33(7):20-23.

[2] 陈永科,赵雪.军事虚拟游戏训练系统研究[J].海军大连舰艇学院学报,2012,35(6):79-82.

[3] 芮杰.基于Unity3D虚拟现实技术的战时心理训练系统研究[D].合肥:陆军军官学院,2017.

[4] 季震.基于虚拟现实技术的战时心理训练研究[D].合肥:陆军军官学院,2017.

[5] 周泉兴,陈永科,杨修顺.军事训练研究方法[M].北京:解放军出版社,2015:191-195.

[6] 王振飞.美军网络游戏训练概述[J].现代兵种,2013(5):76.

[7] 汪涛,李敏,等.虚拟现实技术在美军心理疾患防治中的应用[J].解放军预防医学杂志,2013(5):474.

[8] 吕亚妮,孟祥辉.外军心理训练状况及特点分析[J].长空,2011(3):36-37,90.

[9] 广艳辉,邓慧.外军心理训练的主要做法[J].炮学杂志,2011(3):127-128.

[10] 陈瑛,胡杰华.运用虚拟现实技术推进武警部队反恐训练转型[J].武警指挥学院学报,2011(6):41-42.

[11] 靳树昌,陶海军,等.武器系统虚拟仿真技术与应用[M].北京:海潮出版社,2006:2.

[12] 姜国华.虚拟现实技术及在航空航天中的应用[M].北京:国防工业出版社,2007:3.

[13] 王江松,施江华.虚拟现实技术在武警部队反恐训练中运用初探[J].武警福州指挥学院学报,2011(1):42.

[14] 刘智慧,张梅.心理训练实验室建设与发展探讨[J].军队院校实验室工作研究,2010(10):10.

[15] 安维华.虚拟现实技术及其应用[M].北京:清华大学出版社,2014:7,55.

[16] 郭焱华.外军心理训练研究[M].北京:国防大学出版社,2002:1.

[17] 周为民.军人心理训练[M].北京:军事谊文出版社,2009:21-24,26-32.

[18] 刘寒凌.军事心理训练研究[M].北京:军事科学出版社,2012:59,89.

[19] 杨国愉.军人团体心理训练[M].重庆:西南师范大学出版社,2016:32-45.

[20] 张康莉,高伟,文凤华.基层部队官兵心理卫生训练指导手册[M].北京:军事医学科学出版社,2015:131-172.

[21] 万刚,莫凡,等.战场环境仿真应用[D].郑州:中国人民解放军信息工程大学测绘学院, 2008.

[22] 王华,何伟.虚拟现实技术及其在训练仿真中的应用[M].北京:解放军出版社,2016: 16-17.

[23] 钱永才,阚云松.军人心理调适与心理训练[D].合肥:陆军军官学院,2013.

[24] 田国祥.中外军人心理素质教育训练比较研究[M].北京:军事谊文出版社,2013:87-89, 148-183.

[25] 程刚,曾东.美国陆军作战分队模拟训练器材研究[M].北京:解放军出版社,2016:2-5.

[26] 娄岩.虚拟现实与增强现实技术概论[M].北京:清华大学出版社,2016:34.

[27] 黄德所,韩永要,等.虚拟现实技术及应用[M].北京:海潮出版社,2009:81,107,112,118.

[28] 王寒,卿伟龙,等.虚拟现实引领未来的人机交互革命[M].北京:机械工业出版社,2016: 62,67.

[29] 郭宇承,谷学静,石琳.虚拟现实与交互设计[M].武汉:武汉大学出版社,2015:112-113.

[30] 庄达民.人的生理特性与生理指标[J].家电科技,2005(1):71.

[31] 邓丽芳.飞行员心理素质评估与训练[M].北京:北京大学出版社,2012:158,168-122.

[32] 由健.皮肤电异变对心理测试技术实案应用的影响[D].兰州:甘肃政法学院,2013.

[33] 汪琪.基于生理实验测量的大学生应急能力研究[D].西安:西安科技大学,2014.

[34] 周德群.系统工程概论[M].北京:科学出版社,2007:212.

[35] 杨艾军,王华,米良.训练仿真系统设计与实现[M].北京:解放军出版社,2015:44,56,59, 84,283.

[36] 徐宝文,周毓明,卢红敏.UML与软件建模[M].北京:清华大学出版社,2006:17-18.

[37] Shoemaker M L.UML实战教程[M].北京:清华大学出版社,2006:29-32.

[38] 吴建,郑潮,汪杰.UML基础与Rose建模案例[M].北京:人民邮电出版社,2007:83, 182,187.

[39] 刘基林.Visual C# 2008宝典[M].北京:电子工业出版社,2008:37-147.

[40] 郭齐胜,张伟,杨立功.分布交互仿真及其军事应用[M].北京:国防工业出版社,2003: 21-25.

[41] 胡荷芬,张帆,高斐.UML系统建模基础教程[M].北京:清华大学出版社,2010:129.

[42] 王黎,韩清鹏.人体生理信号的非线性分析方法[M].北京:科学出版社,2011:148.

[43] 大野功二.游戏设计的236个技巧[M].支鹏浩,译.北京:人民邮电出版社,2015:325-516.

[44] 腾讯游戏天美工作室.造物理论游戏关卡设计指南[M].北京:电子工业出版社,2016: 83-98.

[45] 邓光辉,潘霄,等.军人体验式心理行为训练指导教程[M].上海:第二军医大学出版社, 2014:141-145.

[46] 高雪峰.Unity3D NGUI实战教程[M].北京:人民邮电出版社,2015:3.

[47] 李在贤. Unity5权威讲解[M]. 北京:人民邮电出版社,2016:421-423.

[48] 金开龙,田国祥. 论外军心理素质教育训练的主要方法[J]. 中国士官,2012(2):64-65.

[49] 牛长征,范志祥. 浅谈信息化条件下外军心理素质训练的主要特点[J]. 华南军事教育,2013(1):46.

[50] 糜浩. 漫谈军事游戏与军事训练[J]. 武警警官学院学报,2012(3):61-64.

[51] 安兴,李刚. 虚拟现实技术在美军模拟训练中的应用现状及发展[J]. 电光与控制,2011,18(10):42-46.

[52] 陈金山. 虚拟现实技术在美军单兵训练中的应用及启示[J]. 军事体育学报,2014,33(1):73-74.

[53] 周清,雷静. 美军军事游戏训练应用探析[J]. 中国军事教育,2013,25(2):40-43.

[54] 庞边,王欣奇. 外军心理教育对我军心理训练的启示[J]. 通信士官杂志,2011(6):48-49.

[55] 刘洋志,冯楠. 军事游戏在美军训练中的应用给我们的启示[J]. 专业训练学报,2009(2):64.

[56] 裴改改,刘晓宇. 军人心理行为训练教程[M]. 北京:军事谊文出版社,2010:4-6.

[57] 叶波,刘寒凌. 军人心理训练的理论与实践[M]. 北京:国防大学出版社,2010:202,205,206.

[58] 张银涛,尚晓军. 军事心理教育训练文献综述[J]. 中国军事教育,2010,22(2):32-36.

[59] 丛国建. 心理行为训练的组织与实施论要[J]. 武警学术,2014(1):47-48.

[60] 李博. 对组织部队心理训练的思考[J]. 专业训练学报,2014(1):19.

[61] 朱顺义. 浅谈开展心理训练的问题与对策[J]. 教育训练,2011(4):14-15.

[62] 郑政. 心理行为训练存在的主要问题及对策[J]. 中国特警,2007(12):39-40.

[63] 孙锡山,吴凤鸣. 浅谈加强预备役部队心理训练的方法[J]. 解放军卫勤杂志,2014,16(2):119.

[64] 孙宏伟,王江潭. 院校学员心理训练浅探[J]. 海军学术研究,2014(6):38-39.

[65] 郭静,陈园园. 虚拟现实技术在作战指挥及军事训练中的应用[J]. 炮兵防空兵装备技术研究,2012(1):55-59.

[66] 张绍荣,周红兵. 战役虚拟模拟训练问题研究[J]. 海军学术研究,2010(11):30-32.

[67] 谢意,许波. 浅谈虚拟现实技术及其军事应用[J]. 军队指挥自动化,2012(5):61-63.

[68] 梁昊雷,齐家珍. 浅析电脑游戏在军事教育训练中的应用[J]. 军事训练研究,2009(3):43-46.

[69] 马芊,李文丽. 军用虚拟现实技术应用现状及前景[J]. 中国特警,2013(6):11-12.

[70] 张才龙,宋晓波. 试析虚拟现实技术在民警心理训练中的作用[J]. 武汉公安干部学院学报,2011(4):7-9.

[71] 孙铁强,顾柏园. 虚拟现实技术在装甲兵乘员心理素质测评中的应用[J]. 装甲兵技术学院学报,2002(3):26-27.

[72] 彭耿,张利民.虚拟现实技术在心理素质教育中的运用[J].海军院校教育,2004,14(6):42-44.

[73] 刘南海.浅谈模拟训练对飞行员心理品质的培养[J].飞行仿真,2007(1):7-8.

[74] 张菁,张天驰.虚拟现实技术及应用[M].北京:清华大学出版社,2011:3.

[75] 申蔚,曾文琪.虚拟现实技术[M].北京:清华大学出版社,2009:5,27.

[76] 全军军事术语管理委员会.中国人民解放军军语[M].北京:军事科学出版社,2011.

[77] 庄春华,王普.虚拟现实技术及其应用[M].北京:电子工业出版社,2010:1-2.

[78] 孙宏志,张俊峰.结构决定功能规律对指挥系统建设的几点启示[J].桂林空军学院学报,2005,22(1):12.

[79] 王择青,武国城.军人心理素质概念外延结构的初步调查研究[J].解放军医学杂志,2003,28(7):3.

[80] 冯正直,廖雅琴.军人心理素质概念与结构的研究[J].解放军医学杂志,2007,28(8):4.

[81] 于家洋,王海生.军队基层心理服务工作理论与实践[M].沈阳:白山出版社,2013:128.

[82] 彭叶.基于模糊综合评价法的营区建筑节能改造效益评价研究[J].海军工程技术,2015(1):17-19.

[83] 张庆海,刘正新.基于模糊综合评价法的军队后勤保障力研究[J].军事经济学院学报,2014,21(2):42.

[84] 张广峰,薛建高.模糊综合评价在教员队伍考核中的研究与应用[J].士官教育,2014(2):39-43.

[85] 杜金环,彭霞.软件质量模糊综合评价模型与实例分析[J].信息技术,2014(7):64.

[86] 沈继红,付肖燕.模糊综合评估模型的改进[J].模糊系统与数学,2011,25(3):130.

[87] 马晓丽,陈艾华.并联机器人机构的创新与应用研究进展[J].机床与液压,2007,35(2):235-237.

[88] 何克抗,李文光.教育技术学[M].北京:北京师范大学出版社,2002.

[89] 刘建新,刘旺盛.虚拟现实技术在军事教育训练中的应用[M].长春:吉林人民出版社,2006:4.

[90] 钟玉琢.多媒体计算机与虚拟现实技术[M].北京:清华大学出版社,2009:31.

[91] 马京成,王春生.作战心理学[M].北京:解放军出版社,2007:204.

[92] 贾连兴.系统仿真与作战模拟[D].武汉:通信指挥学院,2008.

[93] 张应二,史广生.军人心理训练理论与实践[M].北京:军事谊文出版社,2009:6-12.

[94] 王秀娟.图书馆期刊管理系统的设计研究[D].合肥:陆军军官学院,2013.

[95] 贾铁军,甘泉.数据库原理应用与实践 SQL Server 2012[M].北京:科学出版社,2013:192.

[96] Rizzo A S, Difede J, Rothbaum B O, et al. Development and early evaluation of the Virtual Iraq/Afghanistan exposure therapy system for combat-related PTSD [J]. Ann. N. Y.

Acad. Sci., 2010(1208):114.

[97] Bartone P T.Resilience under military operational stress:can leaders influence hardiness? [J].Military Psychology, 2006(18):131.

[98] Rizzo A,Parsons T D,Lange B,et al. Virtual reality goes to war: a brief review of the future of military behavioral healthcare[J]. J. Clin. Psychol. Med. Settings,2011(18):176.

[99] Hodges L F,Rothbaum B O,Alarcon R,et al. A virtual environment for the treatment of chronic combat-related post-traumatic stress disorder [J]. CyberPsychology&Behavior, 1999(2):7.

[100] Difede J,Cukdr J,Patt I,et al. The application of virtual reality to the treatment of PISD following the WTC attack[J]. Ann. N. Y. Acad. Sci.,2006(1071):500.

[101] Gerardi M,Rothbaum B O,Ressler K,et al. Virtual reality exposure therapy using a virtual Iraq: case report[J]. J. Traumatic Stress,2008,21(2):209.